病気の子どもの教育入門

改訂増補版

全国病弱教育研究会 編

クリエイツかもがわ
CREATES KAMOGAWA

はじめに

私たち全国病弱教育研究会（病弱研）は、全員就学を実現させた発達保障の思想と運動の展開のなかで、病気の子どもをもつ親、教育、医療、福祉に関わる人たちやボランティアが集まり、病気の子どもたちのいのちと健康を守り、子どもらしい豊かな発達を保障することを願って、一九九二年七月に結成されました。当時、ようやく病気の子どもたちへの教育の重要性が認識され、全国の大学病院等で院内学級や病院訪問教育が取り組まれはじめた頃でした。この教育を根付かせようと、全国の仲間たちが定期的に通信を発行し、学習交流会で情報交換し、実践や研究を検討し続けてきました。二〇〇六年には手作りながら「病気の子どもの教育入門テキスト」を編集し、それを基にして二〇一三年八月に『病気の子どもの教育入門』を出版し、多くの方々に読んでいただく機会を得ました。そして初版から九年を経た今日、現代の課題も踏まえて改訂増補版を出版することにしました。

病気の子どもたちをとりまく医療、生活そして教育において大きな変化がありました。とりわけ世界中に蔓延した新型コロナウイルス感染症の感染拡大によって、病院内で教師やクラスメイトと共におこなっていた学習が中断されたり、家族の面会さえ制限される事態が引き起こされ、子どもたちはとても深刻な影響を受けています。いのちを守るために人々が力を合わせ、そして子どもの学ぶ権利を保障するために、どのような教育環境、内容・方法、連携が必要なのか、今、そのことが改めて大きく問われています。

こうした危機を先人たちはどのように乗り越えてきたのでしょうか。そもそも病気の子どもへの教育は、感染症との闘いの中から生まれました。戦前・戦中・戦後を通して「亡国病」として恐れられた「結核」への教育における予防的対策として虚弱児のために「養護学級」が設けられ、日本中の学校に普及しました。天井を高くして換気をよくするオープンエアースクール（ルーム）、栄養補給、ゆるやかな授業時間の設定など、様々な工夫が取り入れられました。数少ないものの自然に囲まれた療養施設が設けられ、こうした教育が病弱教育の一つの源流となっていきました。注目すべきは戦前の軍国主義教育が色濃い時代にあっても、こうした子どものいのちを守り、健康を柱に据えた教育が探求されていたことです。

今、厳しい状況にあるからこそ、子ども理解を大きな柱に据えて、教育のありかたを問いかけたいと思います。一人ひとりのニーズに応える教育実践とはどうあるべきなのか、子ども自身が安心して自らを表現し、自己の形成に歩み出す、具体的な教育実践が求められています。この一冊がそうした問いに、何らかのヒントを与えるものであることを願っています。

日本の石井亮一をはじめ世界中の障がい児教育の先駆者たちに大きな影響を与えた、近代障がい児教育の創設者であるエドワード・セガン（一八一二～一八八〇）の言葉を紹介します。

「一日に何回かは、愉しさと、安らぎとをつくることを忘れてはならない。われわれの目的は、進歩と同時に、否、それ以上に幸福なのである。そして子供達は、笑っていれば、病気ではないものである。」

どんな状況にあっても、病気や障がいという視点からのみ子どもをとらえるのではなく、子どもたちをトータルに、そして笑顔をこそ大切にして教育することの重要性を伝える言葉だと思います。こうした先駆者のスピリッツを受け継いでいきたいです。

二〇二一年　夏　全国病弱教育研究会会長　斉藤淑子

＊本書に掲載されている事例は、実際の事例を参考に支援のポイントを示すために作成されたものです。特定の個人を表すものではなく氏名は全て仮名です。

はじめに……3

Part 1

病気の子どもの保育・教育実践……9

第1章 子どもの命が輝く保育・教育実践をめざして――保育・教育の本質を問う……10
子ども観と保育・教育観／寄り添い、援助するということ―関わるときのポイント／病気療養中という環境の中で

第2章 病気の子どもの不安と教育的配慮……20
病とこころ／心理学における「不安」という情緒／病気がもたらす不安／入院という環境の変化による不安／教員にできる心理的支援／不安に寄り添う新たな教育実践へ

第3章 教育の本質をとらえた実践のあり方……29
子どもが病気になったとき／病院内教育のスタートにあたって／春海さんとの学習を通して／子どもの心身の状態に合わせた学習のあり方／子どもは本来、どんな状況であっても学びたい

❶国語　表現力を育む
子どもの心を受けとめる／子どもが自分自身を見つめる／表現活動を通して教員として学んだこと／表現をするために／表現活動の実際／実践をすすめるために教員に求められること……37

❷数学　子どもの心にどんな思いが残ったか
子どもにとっての学校／安心できるよう学習のすすめ方を工夫する／「わかった!」という実感が意欲に結びつく／公式はできるだけ覚えない／一人ひとりの状況に応じた対応をする／大事なのは〝子どもの心に残るもの〟……47

❸理科　発見のよろこび
入院していても実験がしたい／病気の子どもに寄り添いながら／電流の実験―病院訪問教育での実践より／モノではなく、子どもとのやりとりで勝負／病弱教育の理科で大切にしたいこと……55

❹音楽　音楽が心に寄り添い支えるために
子どもたちに歩みよるために／歌唱活動／選曲の重要性／合奏活動・楽譜の留意点／限られた時間の中で／目の前にいる子どもたちのために今できること……66

❺総合的な学習の時間　生きる力を育む　病院内の社会的資源を有効活用して
病気の子どもにとって「総合的な学習の時間」のねらいとは／実践事例―職業について考える／医療スタッフ・保護者・見学先との連携／病院内の社会的資源を有効活用する／まとめをする際のポイント……79

❻自立活動　心の安定を図る……89
自立活動の目標（ねらい）と内容／指導形態について／院内学級における自立活動／ベッドサイドでの自立活動／集団での自立活動

❼課外活動　子どもと子どもをつなぐ……100
課外活動（放課後）の関わりから安心感がうまれる／課外授業で学習を深める／子どもと子どもをつなぐ／部活動にやりがいを見つける／当事者の声に学ぶ―やっと心の底から笑えるようになった／自分の病気に向き合う

第4章　就学前の子どもの保育・教育……110
入院中の乳幼児に保育の機会を／多様な支援者のつながりで

❶学校からの支援……112
「幼稚部」と「教育相談活動」の支援／病院の中の学校による就学前支援の効果と課題

❷病棟保育士による支援……114
病棟における保育／学校との連携／今後の課題

❸ボランティアによる遊び・家族支援……125
子どもにとって遊びとは／病院における子どもの遊び／遊びのボランティアで配慮されること／遊びのボランティアの実際／ボランティアによる家族支援

Part 2
医療と教育的配慮 …… 133

第1章 **病気の理解と配慮事項** …… 134
小児がん／先天性心疾患／1型糖尿病／2型糖尿病／気管支ぜんそく／アトピー性皮膚炎／心身症・摂食障害

第2章 **医療との連携・協働の意義と実際** …… 162
医療との連携・協働の定義と意義／連携・協働の実際／小児慢性特定疾病に対する医療と家族支援

Part 3
病気の子どもの教育の現代的課題 …… 183

第1章 **歴史的変遷と現代の特徴** …… 184
病弱教育の歴史的変遷／二〇〇〇年以降の病弱教育システムの特徴と課題／発達障がいを伴う病気の子どもの特徴と支援

第2章 **病気の子どもと通常学級・訪問教育・通級による指導** …… 206
入院児の地元校との連携・協力／通常学級における病気の子どもの理解と支援／病気の子どもと訪問教育／病気の子どもと通級による指導／特別支援教育のセンター的機能を担うコーディネーター

あとがき …… 242

Part 1

病気の子どもの保育・教育実践

第1章

子どもの命が輝く保育・教育実践をめざして

――保育・教育の本質を問う

病気の子どもの保育・教育の実践には、病気や治療に起因する特別な配慮を要することがあります。しかしその一方で保育や教育の本質に、より忠実でていねいな実践が求められる分野でもあります。そこでまず私たちがどのように保育や教育の本質を考えるのかを述べたいと思います。

1 子ども観と保育・教育観

(1) 管理と放任のバランスの問題ではない

子どもを親や保育士・教員に従属させることに夢中になっている実践を目にすることがあります。既に決められた「よいこと」が子どもの外側にあり、それに従属させようと叱ったり、子どもがそうせざるをえないように上手に追い込むことで子どもの行動が変容すると、一生懸命によい仕事をしている気分になっている、そんな実践です。

もちろん私たちの社会には守らなければならないこともあるので、教えることも必要です。放任主義を唱えるつもりはありません。そこでよく出てくる発想が、管理と放任のバランスをとることが大事という発想です。しかしこれも次元の違う話だと考えます。管理と放任のバランスの問題ではないのです。どうしても管理しなければならない場合（安全や治療等に関わること）を除いて、「管理―放任」の綱引きの土俵から下りることが必要です。

医療者という立場はどうしても管理せざるをえないことが多くなりがちです。その点、保育士や教員は大きく違います。この立場の違う大人がいることに大きな意味があります。

では、この「管理―放任」機軸から脱却した保育・教育観とはどのようなものなのでしょうか。

(2)「発達しよう」という働きがあることへの信頼

この問いに答える基盤となるものを一言でいうならば、「発達への信頼」といえるでしょう。子どもには発達しようとする働きがあります。そのことへの信頼です。「よく生きようとする」「学ぼうとする」ことへの信頼と言ってもいいでしょう。そのような働きが活発に働くように援助する、それが保育であり教育であると考えます。

「発達」とはどういうことでしょうか。子どもには発達しようとする働きがあることへの信頼にもとづいた実践の話が、この後展開されていくわけですから、まず「発達」ということの意味を考えておかなければなりません。

たとえば、大学の第一回目の授業で学生に「発達って何？　発達するってどういうことだと思う？」と尋ねると、一番多いのは「できなかったことができるようになること」「できることが増えること」といったような回答です。

本当にそうでしょうか。たとえば、それまでおとなしくイスに座っていられた子どもがじっと座らなくなった。できていたことができなくなった。ではその子は発達していないのでしょうか。よく子どもを見てみると、しっかり発達しているとわかることがあります。気になること、興味をもてることが増えたからそちらに行く。だからイスから立つ。イスに座っている必然性を感じないから立つ。つまり状況（外部）と自分の気持ち（内部）を交わらせて、必然性があるかどうかを感じることができるようになったから座っているのをやめたのです。

こんな事例もあります。遊んでいても食事の前にはきちんと片づけができていた子どもがいました。しかしだんだんとできなくなっていきました。よく見てみると、遊びのスケールがだんだんと大きくなっていることに気づきました。はじめは正義の味方と怪獣だけだったのが、地球防衛軍の基地をブロックで作ってあったり、怪獣に壊されるであろう街並みが積み木で作ってあったりと、スケールアップしているのです。そうなると片づけるのにも時間がかかります。さらにスケールアップした分だけ、ここで中断したくないとも思います。いわばこれまでは三〇分ドラマで終わっていたのが二時間の大作映画になったようなものですから、途中で打ち切りたくない。すると「片づけないでとっておきたい」となります。

大人から見ると「できなくなったこと」「やっかいなこと」に見えることが出てきたわけですが、そんな時こそむしろ、その子どもの心に寄り添ってみると、子どもの内にある発達上の意味が見えてきます。

2 寄り添い、援助するということ——関わるときのポイント

「寄り添い、援助する」ということは、「管理」したり「放任」することと比べて頭を使います。子どもを怖がらせて言うことをきかせるのは、頭を使いません。体罰や言葉の暴力は人権的な問題と同時に、指導力の無さを自ら露呈しているようなものです。

発達しようとする働き、よく生きようとする働きを援助するとはどういうことでしょうか。それを考える手がかりとなる理論をここで紹介します。

人間は本来、環境（人的環境を含む）との関わりの中で、何が「よい」かを判断しながら生きようとします。一方、何が「よい」かを判断することを許されない、つまり悩み考えることさえ許されず、与えられた「よさ」を鵜呑みにすることを強いられた時代もありました。また現代でもそのような教育観や実践が残念ながら存在しています。

人間はどのようにして「よい」と判断するのでしょうか。援助の方法を探るために、まずそこに着目してみます。

教育哲学、教育人間学の分野での、人間は次の三つの性質に従って「よさ」を判断するという学説です。人間には「功利性」「相互性」「無矛盾性」という性質があります。功利性とは、自分にとって「利」となるものを欲するという性質です。「相互性」とは相手のことを思いやったり、相手に理解してもらいたいとい

うような性質です。「無矛盾性」とは自分の中で辻褄を合わせたい、筋を通したいという性質です。これら三つの性質のどこに今は重みづけをするべきか、その重心を柔軟に動かして、この場合はこれが「よい」と判断するという考え方です。たとえば、学生に「私がいきなりこのお金あげるって言ったらどうする？」と尋ねると、大方の学生は「断る」「受け取れません」「困る」と答えます。それはなぜかというと、お金は欲しい（功利性）けれど、受け取ってしまったら先生に悪い（相互性）。さらに、そんないわれのない筋の通らないお金を受け取るわけにはいかない（無矛盾性）。その結果、この場合は受け取らないのが「よい」と判断するわけです。

このような性質があることを認めるならば、どのような援助が有効でしょうか。

まず「功利性」に関してですが、自分にとってよいことがありそうかどうか、学びがいがありそうかどうかという「見通し」がもてると、この働きは活性化します。つまり活動の見通しをもちやすくするということがポイントとなります。

次に相互性ですが、共感的な関係をたっぷりと体験したかどうかで、この働きが活性化するかどうかは大きく違ってきます。「私⇔あなた」という関係ではなく、「私たち⇔他者・社会」という関係になって、横並びの関係において嬉しさや悲しさといった感情や、思考の流れを共有する関係をしっかりと体験することによって「相互性」は育まれます。

最後に「無矛盾性」ですが、これは自分なりの「わかり」を尊重してもらえたかどうかに大きく影響されます。「わかり」を否定され、異なる「わかり」を外から入れられるのではなく、自分の「わかり」が認められてそれを吟味することで、そこにある矛盾に気づき、修正を行ない、新たな「わかり」を構築していくという、そのような過程を経験することが「無矛盾性」が育まれるためには重要です。

さらにこの三つの働きが活性化し、かつその重みづけが柔軟に行なわれるためには、テンダー（暖か）な雰囲気が必要であるということも指摘されています。

つまり、子どもの発達しよう、よく生きようとする働きが活性化するように援助する際のポイントを整理すると、次のようになります。

① 見通しをもちやすくする。
② 共感的な関係をたくさん経験する。
③ その子ども自身の「わかり」方を大事にした関わりを行う。
④ あたたかな雰囲気、人間関係を基調とした中で、実践を行う。

3 病気療養中という環境の中で

(1) 病気でも子どもはなぜ学ぼうとするのか、なぜ学べるのか

これまでに述べてきたことは病気の子どもにかぎったことではありませんが、病院という環境の中での教育を考える場合にはなおさら大事にしたいポイントです。

入院初期あるいは何らかの事情でストレスを抱え、大人の関わりに拒否的な反応を示している子どもに対

して、この授業に参加してみたいな、何か面白いことになるかもしれないないなという見通しが感じられるような導入や展開が授業にあると、子どもの心の扉が開いてくることがあります。人はなぜ学ぶのか、なぜ学べるのかということの最も根源的な要因は、学びがいを感じるからではないでしょうか。

また、教員や保育士は、受けとめることと受け入れることの違いを認識しつつ、添う関係になって、うれしさや楽しさなどのさまざまな感情を共有することが必要です。共感関係に立とうと思っても、治療や社会通念上、受け入れられないこともあります。しかしそのような場合でも、子どもの想いを受けとめた上で、受け入れられないことを共に悩み苦しむというのが、添う関係ということでしょう。

⑵ 授業時数が少ない中で

また、病院内学級や訪問学級ではどうしても授業時数が少なくなりがちです。そうすると入院前あるいは病気になる前に所属していた通常学級に比べると学習進度が遅くなることもあります。元のクラスへの所属感を大事にしつつも、どのように真の学力の育ちを援助していくかということを考える必要があります。

以前、小児がん経験者の方から次のようなお話をうかがったことがあります。「できるだけ遅れないようにしたい。でも遅れても何とかする力の方がもっと大事だと思う」「せっかく病気を経験したのだから、これを活かしていきたい」。このような姿勢や力は主体的な学びを通して育ってくるものであり、外側で既決されている「わかり」を注入されることで身につくことではありません。「わかる」とは本来、それまでわかっていたことと新しい知識、経験が、学び手である本人の中でつながっていくことです。子どものその時の「わかり」具合を見取り、それがどのような知識とつながりそうか、そのためにはどのような環境や手立てが有効かを考えなければなりません。ですから教師には①子どもに添おうとする姿勢、②子どもの「わかり」を見取る共感的理解、③教科や領域に対する深い専門性が求められます。

「わかりやすい授業」というのは「レベルを落とした授業」ということと同義ではありません。世界的な指揮者として活躍し、かつ教育活動にも奔走する小澤征爾さんの音楽の指導は、子どもたちから非常にわかりやすいと言われています。小澤さんは子どもを指導することについて次のように語っています。「大切なのは、相手が子どもでも絶対レベルを下げない、ということ。こちらの本気を見せなきゃいけない」「音楽という大きなものの前には先生も生徒もない」。表現の方法などのわかりやすさには配慮しつつも、子どもの「わかり」をしっかりと見つめ、それと文化とがどのようにつながるのかを子どもだからと手を抜かずに深く見つめる姿勢と高い専門性、さらに学問と子どもに対する謙虚さが必要ということではないでしょうか。

たとえばこんな例があります。子どもが「1」という数字を口にした時に、この子は数えられる数あるいは順番という意味で言っているのか、それとも量を意識して言っているのかを教師が意識するかどうかによって、授業の奥行きは違ってきます。数えられる数との意識のみであれば、一つの塊の粘土ともう一つの塊の粘土をくっつければ大きな一つの塊になります。しかし量を意識したのであれば、くっつけたものはもはや「1」ではありません。つまり「1＋1＝1」の場合もあれば「1＋1＝2」の場合もあるということです。何に着目するかによって異なってくるということ、何に今自分は着目しているかということを子どもが意識するということは、真の学力形成には欠かせません。少ない授業時数だからこそ、本当に力になる学びの経験をしっかりと行なっていきたいものです。

このような授業実践は決してたやすいことではありません。教師自身、他の教師と実践をていねいに省察しあうことで見えてくる、気づくことが多々あります。子どもが集団の中で、他の子どもの「わかり」と自分の「わかり」を交差させることにより、自己の新たな「わかり」を構築していくことと何ら変わりはありません。仲間との学び合いの機会が必要不可欠です。

(3) 終末期にも学ぼうとする子どもたち

近年、病気の告知を子どもにも行うケースが増えてきました。闘病生活の長い子どもの中には、亡くなっていった友だちがいることを知っている子どももいます。大人の前ではそれを知っていることを隠している子どももいます。「死」ということを相当に意識している中でも、学ぼうとする姿勢を持ち続けていた子どもたち。彼らから学んだことを本章の最後に述べます。

子どものリクエストである本を一緒に読みました。その中で彼女は自己犠牲について学んでいました。正しいことのために自分が犠牲になること、誰かの犠牲の上に得る勝利や正義、そういった方法が正しいのかどうか一緒に話し合いました。その時に感じたのは、彼女が「今、もっとよい人間になりたい」という想いの中で生きているということです。まさに、「よさ」を求める方向性の中を生きているということ、その過程を生きているということです。

子どもがある「結果像」に行きつくことを教育の目的と考えると、終末期と呼ばれる時期の教育は成り立ちません。たしかに「結果像」を思い描くことが、「過程」を豊なものにするために有効な「手立て」「手がかり」となることが多くあります。よって目標を掲げたり、ねらいを設定すること自体を否定するものではありません。大事なことは、「手立て」や「手がかり」と「目的」を混同してはいけないということです。

教育の目的を過程そのものととらえるのであれば、人は死ぬ間際まで学べることを、亡くなっていった子どもたちは教えてくれました。「本質」というのは、どのような状況においても成り立つ基盤を意味します。ならば、教育の本質を問うとき、余命に関わらず成り立つものを考えなければならないのではないでしょうか。

また、人生の終末期の教育の問題とは、それまでの生と切り離して考えられる問題ではなく、それまでどう生きてきたか、教育をどう考えて取り組んできたかということとつながっている問題です。このことも私たちは忘れてはならないでしょう。

（栗山宣夫・育英短期大学教授）

〈引用・参考文献〉

・村井　実（一九八八）村井実著作集３「善さ」の構造 小学館
・佐伯　胖（一九七五）「学び」の構造 東洋館出版社
・朝日新聞（二〇一三）三月六日朝刊「小澤征爾さんの教育論」

第2章

病気の子どもの不安と教育的配慮

1 病とこころ

病気を抱える子どもは、だるい、苦しい、痛いなどの身体的違和感をもちますが、心理的にも健康なときには感じないようなさまざまな不安を感じています。その不安が時に闘病意欲の低下につながり、治療効果に悪影響を及ぼすことが指摘されています。治癒後にさえ後を引くような発達的問題を残してしまうことも心配されています。

子どもは心の中の不安な気持ちを必ずしも言葉で表現するとはかぎりません。特に年少の子どもたちは、言葉にならない形で表現することも多々あります。夜眠れない・食欲がないなどの身体症状や、イライラ感、焦燥感などから不機嫌・拒絶的態度に発展したり、抑うつ症状がみられたりすることも珍しくありません（清家、二〇〇七）。「急性ストレス反応」「適応障害」などと診断されることもあります。病弱教育担当教員は、このような不安を抱えながら学び育つ子どもたちをどのように理解し、支援したらよいのか、という実践的問題に日々直面しているのです。

子どもたちの心を支えることは他の教育領域においても重要なことですが、病弱教育においてはそれはなおさらです。二〇〇九（平成二一）年六月に出された「特別支援学校学習指導要領解説　自立活動編（幼稚部・小学部・中学部・高等部）」においては、「白血病のため入院している幼児児童生徒は、治療の副作用による貧血や嘔吐などが長期間続くことにより、心理的に不安定な状態になることがある。そのようなときは、悩みを打ち明けたり、自分の不安な気持ちを表現できるようにしたりするなどして、心理的な安定を図ることが大切である。」と記され、病気を抱える子どもたちへの心理的支援の大切さが再確認されています。

では、病気を抱える子どもたちにはどのような不安があるのでしょうか。この章では、「不安」という情緒が心理学でどのようなものとしてとらえられているのかをまず確認します。その上で、病気を抱える子どもたちがもつ不安とは何か、そして適切な支援とは何かを、短期入院を繰り返す子どもの不安にも触れながら、考えていきます。

2　心理学における「不安」という情緒

心理学では、「不安」は「自己存在を脅かす可能性のある破局や危険を漠然と予想することに伴う不快な気分」（中島、一九九九）と定義されて、一つのまとまった情緒というよりも、恐怖や羞恥、内気、罪悪感などのさまざまな情緒を含む複合的な情緒であると考えられています（今田、一九七五）。

シュピールバーガー（一九六六）という研究者は、「不安」を、「特性不安」と「状態不安」の二つに分けて考えるべきであると主張しています。「特性不安」とは、特定の経験に対して「個人がどのくらい不安を感じやすい傾向にあるか」という個人の反応傾向のことです。それに対して「状態不安」とは、「今、どのくらい不安であるか」という個人がそのとき置かれた生活条件により変化する一時的な情緒の状態をさします。

こうした心理学的知見をふまえて病気を抱える子どもの不安について再考してみましょう。病気を抱える子どもの不安は、「不安の感じやすさ」といったパーソナリティ特性と考えるより、「病を抱えているという特別な状態にある今現在、どのように感じているか」という「状態不安」と考えたほうが適切なようです。もちろん、子ども時代に繰り返し不安を感じる状態にさらされる経験から、あらゆる状況で不安を感じやすくなってしまうパーソナリティが作られるという可能性はあります。大切なのは、「不安」という言葉を使うときに、どちらの意味で使っているのかを自覚することです。

また、特定のストレス事態において喚起される状態不安にはその事態独自のものがあると考えられています（曽我、一九九三）。子どもたちの治療は病気の種類によっても当然異なりますし、入院するかどうかという治療環境もそれぞれです。「病気を抱える子どもの不安はこのようなものである」という唯一の答えはありません。子ども一人ひとりの健康状態、治療環境、個人的資源を考え、小さな不安のサインも見逃さず、適切な支援を見きわめる目をもつことが必要になります。

3 病気がもたらす不安

病気になると、子どもたちは、それまで経験したことのない治療への苦痛を経験します。食事制限を課されて大好きな食べ物を食べられなくなる子ども、自信の源だった得意なスポーツができなくなる子ども、それまで思い描いていた自分の将来の夢をあきらめなくてはならない子どももたくさんいるでしょう。子どもたちは病気になることに伴い、たくさんの喪失を経験するのです。そうした喪失経験から自分という存在への安心感・安全感がゆらぎ、病気以外の事柄についても常に漠然とした不安に悩んでしまうこともあります。

病気は、子どもの育ちにおいて重要な意味をもつ友人関係にも影響を与えます（尾形、二〇〇八）。運動制限は友だちとの活発な遊びの制限にダイレクトにつながります。子ども自身の体力への自信が低下し、「遊んでいる途中で具合が悪くなったらどうしよう」という不安が強くなってしまうと、遊びへの参加が消極的になり、友人関係の形成や維持が難しくなります。治療の副作用による外見上の変化があると、友人からネガティブな評価を受けやすくなりますし、また、病気を抱える子ども自身が過度のコンプレックスを抱き「自分は友だちから受け入れられないのではないか」と思ってしまうことにもつながります。病気に起因する不安を原因として、友人関係から撤退し、引きこもってしまうことで、ソーシャルスキルの学習機会を失い、ますます自信がなくなり不安が高くなるという悪循環に陥ってしまうことさえあるのです。

病名をはじめ病気の状態について、本当のことを知らされないことからくる不安もあります。これは、子どもの病気特有の不安と言ってもいいでしょう。周囲の大人たちは、子どもが過剰な不安に囚われてしまわないようにとの配慮から真実を隠すのですが、それがかえって子どもの現状理解を妨げ、時間的な見通しを失わせ、結果的に子どもを不安にしてしまうことがあるのです。子ども本人への告知の是非は、一概に結論づけることはできない大きな問題です。けれども昨今は、子どもが理解できるように、そして子どもが希望を失わずに病気と向き合えるように、現在の状態と今後の見通しについて説明することの必要性が、日本でも認識されるようになってきています。

そして、死への不安もあります。命にかかわる重篤な病を抱える子どもだけでなく、発作を伴う病気など、客観的には命が脅かされることはなくても主観的な苦痛が強い病気を抱える子どもも、死への不安が高いことが知られています。子どもは、前述のように病状については本当のことを伝えられないことも多いのが現状です。子どもたちは周囲の動きや薬、医療者・家族の態度のちょっとした変化を自分なりに読み取って「もう治らないのではないか」「とても状態が悪いのではないか」と、死への不安を心に抱きます。子どもと死を結びつけることは、周囲の大人にとってつらいことですが、病気を抱える子どもたちの心の奥にひそむ死への不安への配慮も忘れてはならないでしょう。

4 入院という環境の変化による不安

病気を抱える子どもがもつ不安は、病気そのものに起因するものだけではありません。入院中の子どもたちの作文からは、「友だちに会えない」「家族から離れてさびしい」「学校に行けない」など生活環境の変化への戸惑いが多く綴られています。子ども本人にとっては、「病がある」ということと同じくらい、「入院」という生活環境の変化が大きな意味をもつことがうかがわれます。

では、入院中の子どもたちはどのような不安を抱えているのでしょうか。谷口（二〇〇九）は、アンケート調査をもとに次の五つの不安の存在を見出しています。

①将来への不安：入院生活や病状などの現在の状況というよりも、退院後の生活や病気で入院してしまったという事実が自分の未来に及ぼす影響といった将来のことを心配している気持ち。
②孤独感：家庭や地域の学校などの自分本来の生活環境から一人切り離されて入院している状況で感じる孤独な気持ち。
③治療への恐怖：検査や治療への嫌悪感・恐怖感。また、検査や治療が嫌だからこそ家族にもっとそばにいてほしいと願う気持ち。
④入院生活不適応感：スタッフの対応や病棟規則などの入院生活に関するなじめなさや不満という気持ち。
⑤取り残される焦り：学校の友だちから一人だけ離れて入院していることで、勉強や仲間間の話題に遅れてしまうのではないかという焦りの気持ち。

入院による不安としては、家庭から離れることに焦点をあてた「分離不安」が指摘されることが多いのですが、それ以外にもさまざまな不安が存在していることがわかります。特に学齢期の子どもにとっては、友だちから「取り残される焦り」が大人が思っている以上に心に重くのしかかっています。大人にとっては、たった半年や一年と思われても、子どもにとっては長い時間です。子どもの時間は待ったなしで動いています。自分の生活の場を離れることで、友だちから遅れることや忘れられてしまうことは、子どもたちにとってとてもつらいことなのです。

5 教員にできる心理的支援

本章では、これまで病気を抱える子どもたちがどのような不安を抱えているかを考えてきました。では、教員としてそうした不安を抱える子どもたちをどのように支援したらよいのでしょうか。

副島(二〇一二)は、みずからの実践の中で大切にしていることを、「さいかち10」としてまとめています。「子ども自身の不安を軽減させるかかわりを行う。学習に対する不安も見ていく。」「子どもの感情の発達において、子どもたちの感情を、特に不快な感情を言語化するようにし、感情の適切な扱い方を伝えるかかわりをする。」「選択の機会は、自主性や自立性の発達に影響を与える。学習や遊びのなかで、自分で選ぶ体験ができるかかわりをする」などの一〇のポイントです。その中でも特に強調されているのが、不安というネガティブな感情の扱い方です。

日本社会においては、「イヤダ」「つらい」といったネガティブな感情の表出は、人前では慎むべきであるという暗黙の文化的規範があり、黙ってがまんするようにしつけられた子どもも少なくないでしょう。特に、病気を抱える子どもたちは、心配をかけているという負い目もあり、病院でも家でもネガティブな思いを隠して、がまん強い「よい子」を演じがちです。でも、それは苦しいことなのです。

教員や保育者は、「不安」や「怒り」「つらさ」を表出することは決していけないことではないということを、子どもたちにしっかりと伝えなくてはいけません。そして、さまざまな教育活動の機会を活かして、授業の中で子どもの「不安」な感情を表出できるよう支援していくことは大切なことです。ネガティブな感情を受けとめることは教員としても心が疲れることですが、子ども支援のプロとして、表出されない子どもの不安にも心を配り、どっしりと子どもの傍らで支えたいものです。

6 不安に寄り添う新たな教育実践へ

昨今の医療現場では入院期間が短縮される傾向があり、厚生労働省による患者調査によれば、〇《ゼロ》歳から一四歳の子どもの平均在院日数は七.四日と、入退院を繰り返す子どもたちが増えています（厚生労働省、二〇一九)。一見、入院慣れして不安が低いように見える子どもでも、その生活はたびたび分断され、発達環境としては「落ち着かない」ものになっていることもあります。そうした「落ち着かない」中での育ちの課題は、子ども時代よりも進学や就職といった社会的自立に直面したときに顕在化してくるように思います。入院の短期化は、子どもたちの「不安」を見えにくくし、その影響はじわじわと後から出てくる可能性があるのです。そうした可能性をも考慮しながら、短い間にできる有効なかかわりを考えていく力が私たちには求められています。

二〇一九年に始まり世界中を混乱に陥れた新型コロナウイルス感染症の蔓延は、病気の子どもの学びに多大なる負の影響を及ぼしました。人の何倍も感染に留意が必要な子どもたちです。感染予防の観点から、学校再開後も学校への通学を控えたり、入院中であれば院内学級や訪問教育を対面で受けることがかなわなかったりと、子どもたちの学びは大きな制約を受けました。他者とのかかわりが極端に制限された中で、病気の子どもたちの不安と孤独感はかつてないほど深刻なものとなったと言ってよいでしょう。こうした状況のなか、子どもたちの関係性のつながりを回復し、不安を少しでも和らげるよう、ＩＣＴを活用した様々な取り組みが試みられ、一定の効果をあげたことは記憶に新しいところです。同時に、オンラインだけでは対応しきれない教育的かかわりの大切さも浮上してきています。

病気を抱える子どもの不安のありようは、以前にも増して一人ひとりさまざまです。それを支える私たちは、子どもの心を分析的に把握する確かな目をもち、ＩＣＴを活用した新しい教育の在り方を工夫する態度と同時に、関係性をはぐくみ不安に寄り添う支援を展開していく心構えを忘れてはならないでしょう。

（谷口明子・東洋大学教授）

〈引用文献〉

・今田寛（一九七五）『感情心理学―恐怖と不安―』第3巻　誠信書房
・中島義明編（一九九九）『心理学辞典』培風館
・尾形明子　鈴木伸一編著（二〇〇八）『医療心理学の新展開―チーム医療に活かす心理学の最前線―』北大路書房
・厚生労働省（二〇一九）『平成二九年（二〇一七）患者調査の概要』厚生労働省（https://www.mhlw.go.jp/toukei/saikin/hw/kanja/17/dl/kanja.pdf）
・五十嵐隆（二〇〇七）『病気を抱えた子どもと家族の心のケア』日本小児医事出版社
・副島賢和（二〇一二）「『さいかち10』と『5つの視点』」『教育ジャーナル』二〇一二年七月号　42～43　学習研究社
・曽我祥子（一九九三）「不安のアセスメント」『心理アセスメントハンドブック』339～359　西村書店
・Spielberger,C.D.（1966）Conceptual and methodological issues in anxiety research. current trends in theory and research, 2: 481～493
・谷口明子（二〇〇九）『長期入院児の心理と教育的援助―院内学級のフィールドワーク』東京大学出版会

第3章

教育の本質をとらえた実践のあり方

1 子どもが病気になったとき

入院したばかりの子どもと最初に出会うときに、いつも思うことがあります。それは、期せずして病気になった子どもが、ここでの出会いや学習を通して一つでも多くのことを発見し、学び、自分への自信と希望につなげていってほしいということです。

私たち病院内教育の教員が向き合う子どもは、たとえば小児がんのように、ある日急に、あるいは徐々に病気が進行し、きびしい治療に立ち向かわなければならない子どもたちです。

子どもたちは病気になったことで、全身の痛みや不調にさらされ、容貌の変化や身体機能の一部を失うなど、過酷な体験を余儀なくされます。

タカオ君は、小学校一年生の時から運動会でリレーの選手に選ばれることを、何よりの誇りとしていました。ところが五年生のときに骨の病気で、走ることができなくなってしまいました。書写の学習で彼が選んだ詩は、『のはらうた』(工藤直子)の中の「はしる」という詩でした。詩を書いた上部のスペースには、自分をイメージして大きく羽を広げて飛んでいるみごとな鷹を描きました。「僕ね、全力で走って汗ダラダラかいて、気持ちいいって思ったところで目が覚めて。あ～あ夢かって思うんだ」とも話してくれました。どんなに走りたいと思っていることでしょう。

バスケットボール部で活躍していた恵さんは、「スポーツ選手になることはあきらめました。せめてスポーツに関わりたいから、大学ではスポーツ生理学を勉強しようと思っていました。でも再発でさらに体がきつくなって…自分の夢をもつたびに、自分の体に裏切られる」とくやしそうにつぶやいていました。誰もが「病気になった自分」と「元の自分」との間に断絶を感じ、それまで思い描いてきた目標や夢、そして価値観の転換を迫られているのです。また身体的異変だけでなく、入院という生活環境の変化も、子どもたちのアイデンティティを揺さぶります。

そうした中で子どもたちは、今この場にいることおよびこの状態で学ぶことの意味とあり方を、自らに、そして私たち教員に問いかけます。また周りを見ながら、困難な状況への受けとめ方や対処の仕方について無意識に模索していきます。教室は、学習の場であるとともに、自分と同じようにつらい治療を受けながら明るく過ごしている友だちの姿を見る場でもあります。そのような姿から刺激を受け、心を開き新しい経験を積み重ねていく、貴重なピア・カウンセリングの場でもあるのです。

したがって、教員は、そこでの子ども同士の「つなぎ役」であり、子どもが「生きる活力」や「笑顔」を培っていくための「触媒」の役割を果たしていく必要があります。

② 病院内教育のスタートにあたって

入院して学習がスタートしたばかりの頃、子どもは緊張と混乱の真っただ中にあります。先に述べたように子どもたちは、この場にいること、この状態で学ぶことの意味とあり方を、時には一見ネガティブとも見える形で問いかけます。

ここで重要なのは「勉強したくない」「この場にいたくない」といういわばネガティブな言葉の裏にある子どもの心情を読み取り、内面を理解することです。次に具体的なケースを取り上げて説明します。

①「来ないで！」と、激しく拒否する子ども

②周りを拒絶する子ども

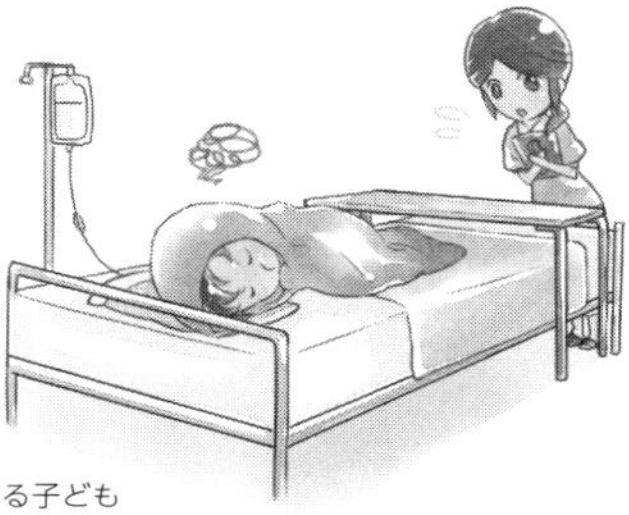
③静かに拒否する子ども

④「無理」している子ども

イラスト NOE

3 春海さんとの学習を通して

初めて小学六年生の春海さんの病室を訪れ、個室のドア越しに声をかけたところ、中から緊張した様子の若い看護師さんが出てきました。「春海さんは、学校の先生の顔を見ると、気持ちが悪くなると言っているので、部屋の中に入らないでください」と、ストップをかけられました。

その後、数日経っても病棟からは「今日はお休みです」という以外、具体的な様子が伝わらないまま欠席が続きました。春海さんの「学校の先生の顔を見ると気分が悪くなる」という言葉には、どのような思いが込められているのでしょうか。

お母さんから伺ったところ、春海さんは地元の小学校では、明るくて学習意欲もあり、クラスのリーダー的存在だったそうです。ところが夏休みに腹部に腫瘍があることがわかって入院し、当初は「病院の中に学校があって勉強が続けられてよかった…」と言っていたのですが、きつい治療が始まり、友だちと励まし合いながら頑張ってきた中学受験という目標を失い、学習意欲をすっかりなくしてしまったということです。髪の毛も抜け始め、誰にも会いたくないとも言っているとのことでした。ほとんどしゃべらない春海さんに、お母さんもどう接してよいのか途方に暮れているようでした。

そこで、春海さんのベッドのそばに行って、「春海さんが好きなことや興味をもつことを一緒に見つけていきたいな。勉強は春海さんがやりたくなってから始めようね」と話しました。このときは、ほとんど黙っていた春海さんでしたが、やりたいことを一緒に見つけていこうという誘いかけに、黙ってうなずいてくれました。

こうして、一日約一コマ（四五分）のベッドサイド学習が始まりました。

春海さんが最初に興味をもったのは、手芸、特にビーズのマスコット作りでした。手先が器用な春海さんは、上手にマスコットを作れるようになり、約二か月の間、黙々と作り上げ、本に載っているすべてのマスコットを作り上げるほど集中し、上達しました。

この間、教員は一緒に作りながら、分教室の様子を伝えたり、交換日記をしたり、読書や漫画や音楽等の話をしたりしてコミュニケーションを交わすうちに、しだいに気持ちがほぐれていきました。

治療のペースがつかめてくると、春海さんはしだいに自分から教科書を開いたり、ドリルを持ち出して学習するようになりました。また秋になると、体調が良い時は教室での授業に参加するようになり、高学年の子どもたちと一緒に文化祭の作品作りや劇発表の練習にも取り組みました。秋も深まった頃、舞台の上で堂々と台詞を言いながら演技する春海さんからは、三か月前の不安で暗い表情はまったく感じられませんでした。

病院内教育においては、子どもや保護者の教育観・学習観だけでなく、子どもと教育を橋渡しする医療者側の理解や教育観・学習観も大きく問われます（Part2第2章参照）。

春海さんとの学習のプロセスにおいても、医療側の姿勢は徐々に変化していきました。初めて春海さんの病室を訪れたときの看護師さんの対応からは、「学校の先生」＝「勉強」＝「病気の子どもに負担をかける」というとらえ方をしていることが伝わってきました。次に、学習開始後しばらくの間は、「何の勉強をしているの？」「今日も家庭科の勉強？」と尋ねるなど、勉強や教科という枠に結びつけて理解しようとしていることが伺えました。さらにもう少し経つと、「頑張ってるね」「すごく上手だね」と声をかけ、医療スタッフからもビーズマスコットの注文が殺到し、病棟中のみなさんがそれを胸に付けて、春海さんの手先の器用さやセンスの良さを褒めてくれたりするようになりました。今行なっている学習のエンパワーメント的な意味を認め、いっそう協力的になっていったように思います。

その後、春海さんは、このときの入院体験を通して看護師の道にすすみたいという目標をもちました。そして今、小児医療の現場で看護師として活躍しています。

4 子どもの心身の状態に合わせた学習のあり方

子どもたちは、病気になったことでつらい思いをしたり、自信をなくしたりします。しかしその一方で、辛い体験の中で学んだことや、自分を支えてくれた人たちがいたということを力に変え、自分の世界を広げ、将来の目標を切り開いていくたくましさもあわせもっています。そうした意味で、病院内教育における学習は、いわゆるアカデミックスキルの獲得や狭い意味での「勉強」にとどまらない幅の広さと、子どもの状態に応じた臨機応変さを必要としています。

これまでの実践を通して病気の子どもの心身の状態に応じた学習について、大まかにまとめると次のようなパターンがあると考えています。（表1）

（表1）子どもの心身の状態に合わせた学習のねらいと配慮事項

心身の状態	学習のねらい	配慮事項など（準ずる教育課程の小学生を想定）
「通常」の学習が行える時	前籍校へのスムーズな復帰をめざし、学習空白を埋め、内容の理解・定着を図る。	・マンツーマンや小集団学習の利点を生かし、苦手分野、あるいは発展問題にチャレンジしながら、「よくわかった」という実感をもたせるようにする。 ・教科書や前籍校からの課題、プリント、ドリルの活用 ※どの段階にあっても、身体の動きや視力などに制限やハンディがあるケースは、本人の気持ちや選択を尊重しながら、情報提供も含めて、内容・方法を探っていくことが大切。
やや調子が悪い時	気分転換を図りながら、できるだけ学習に向かえるように導く。	・本人の興味・関心を活かし、教科書や関連教材だけでなく本の読み聞かせ、ゲーム的な要素を取り入れながら学習につなげていく。 ・関連教材、絵本、アニメ、学習ソフトなどの活用。
さらに調子が悪い状態（ベッドサイドでの学習がおもになるケースが多い）	気分転換やストレスの軽減に重きを置き、安心感をもたせる。	・負担にならないよう内容や時間配分に配慮しながら、子どもの興味や関心にそった活動内容について、一緒に話しあいながら設定していく。 ・手芸、工作、調理、体育的活動、園芸、マジック、カードゲーム、ビデオ鑑賞、好きな雑誌を一緒に読むなど。 ・1回ごとに達成感をもてる内容・量にすることも大切。
調子が極度に悪い状態（熱が高かったり、意識が混濁しているような時、終末期など）	自分の存在感を確かめさせ、安心感をもたせる。	・日頃の教員と子どもとの関係、友だち関係、子どもの年齢、性格などによっても、求められるものは異なってくる。このような時、教員がそばにいることで、安心感を与える存在になれると良い。 ・本人のやりたいことの実現にむけて手伝ったり、時には本人の代わりとなって作業をする。 ・仲良しの友だちやクラスの様子を伝えるなど、人とのつながりを意識した取り組みを大切にする。 ・その時にできる、その子らしい作品作りや表現活動を心がける。 ・心地よい音楽、アロマテラピー、マッサージなども安心感につながる。

5 子どもは本来、どんな状況であっても学びたい

子どもたちはどんな状態であっても、それぞれが学びたいという内発的な要求をもち、多様な学習を求めています。子どもを支えるすべての人たちには、まずそのことへの信頼を寄せてほしいと切に願います。

病院内教育は、病気によって自分の存在の根源が、否応なく押し潰されてしまうような痛みとつらさを抱えながら、なお立ち上がり生きようとしている子どもたちの心のつぶやきを受けとめ、学習場面や生活場面などのあらゆる機会を通して子どもの発達を支え、新たな経験を創り出す総合的な支援にほかならないと考えています。

そのために重要なことは、教員間、医療スタッフ、保護者だけではなく、福祉や文化、地域などの発達援助専門職のネットワークを創りだし、それがフットワーク・チームワークよく機能することです。そのことが、総合的支援をすすめる大きな推進力となっていくのです。

（斉藤淑子・都留文科大学特任教授）

第3章

1 国語

表現力を育む

1 子どもの心を受けとめる

小学三年生のひろし君は突然の病気を宣告されきびしい治療を受けた後、訪問学級のある病院に転院してきました。その時のひろし君は暗い表情をしていました。そんなひろし君に、学習プリントを一枚渡しました。まじめで優秀なひろし君は黙って受け取り、問題を解き始めました。プリントを終えようとしたそのとき、ひろし君は鉛筆を持ったまま一粒の涙を用紙に落としたのです。「えっ、どうしたの。どこか痛いの?」と私は慌てながらも、できるだけ動揺した気持ちが伝わらないようにして、ひろし君に「やりたくなかったの?」とたずねました。ひろし君はうなずき、わかってもらえた気持ちを伝えるかのように、もう一粒涙をこぼしました。

病気で入院してつらい治療を強いられてきた子どもが学習プリントをする気持ちになるでしょうか。ひろし君はきびしい治療で心も体も疲れていたのです。興味のない問題をやる意味を見出すことができなくても不思議ではありません。ひろし君の気持ちを受けとめきれず、生き生きとした表情になるような教材を用意

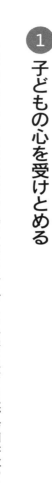

できなかった、その出来事は苦い思い出として残っています。

2 子どもが自分自身を見つめる

その後、間もなくしてひろし君の隣のベッドに、足を手術したしょう君が入院してきました。二人はすぐに仲良しになり、動物の人形でじゃれ合って遊びはじめました。その明るく楽しそうな様子を見て「人形劇のお話を作ろう」と提案をすると、二人は嬉々として台本作りをはじめました。

ひろし君ははじめに「わるい子だから家族からおいだされたこうもり」と登場人物の設定を書きました。しょう君の書いたオラウータンのせりふは「あーあ、ひまだなあ。この生活にもあきたなあ。そうだ。旅にでよう」と書いたのです。二人のセリフはひろし君やしょう君自身が語っているように聞こえました。無口なひろし君が友だちと人形の言葉を借りて自分の内面を語り始めたのです。話を作り終えた二人は「あーおもしろかった」と満足げに笑顔で語りました。

子どもたちの表情を見て、このような言葉を聞くことができる授業がしたいと心から思いました。

（資料1）

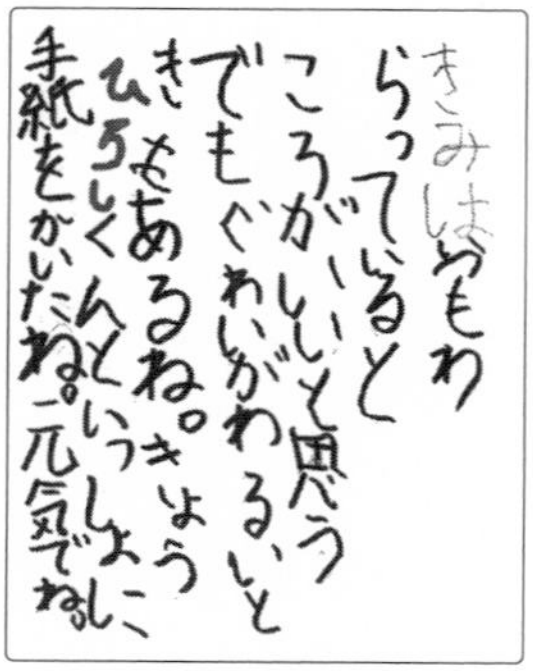

きみはこうもりわ
らっていると
ころがいいと思う
でもぐあいがわるいと
きもあるね。きょう
ひろしくんといっしょに、
手紙をかいたね。元気でね

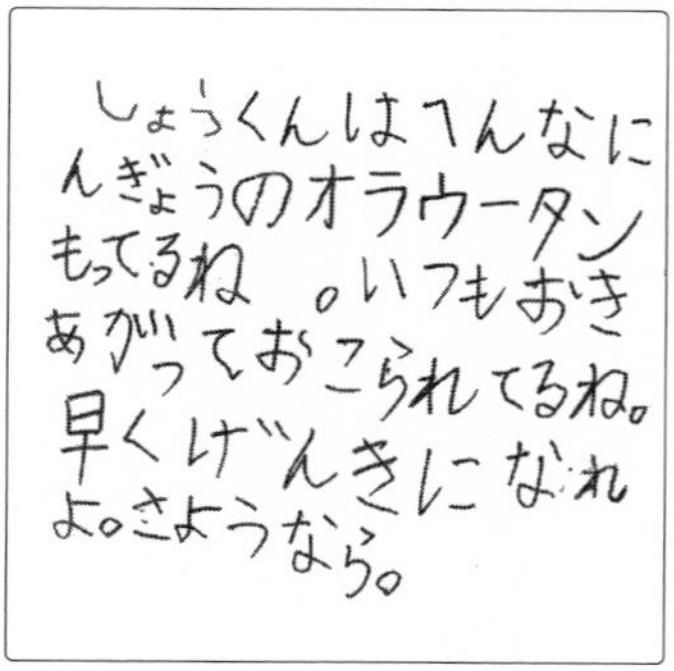

しょうくんはへんなに
んぎょうのオラウータン
もってるね。いつもおき
あがっておこられてるね。
早くげんきになれ
よ。さようなら。

次の日の授業はひろし君が外泊することになったので、自宅で受け取れるようにお互いにはがきを書きました。はがきにはひろし君としょう君の病院での様子が一言ずつ書かれました（資料1）。ひろし君が友だちとの交流でよく笑うようになったことをしょう君が書いています。いろいろな病気で入院している子どもたちは、違う病気の子どもたちと接し、互いを知り合いながら自分を見つめているのだと思いました。

3 表現活動を通して教員として学んだこと

このひろし君との取り組みをきっかけにしてはじめた「子どもが今を語る表現活動」の取り組みを通して、私は教員として次のことを学びました。

「表現活動は子どもの気持ちを解放しストレスを発散できる」
「子どもの気持ちを大人が受けとめ、つかむ手段になる」
「子ども同士で過ごすことは、子どもらしい自分をとりもどすことができる」
「教材の工夫の必要性と大切さ」

病気の子どもは、制限された環境下にあるために子ども同士の関わりも限られ、心を揺さぶられるような出来事や伝えたくなることも乏しくなりがちです。病気や治療への不安も大きく学習に向かう意欲を失うことも少なくありません、そのため、「書くことなんてないよ。書くのはいやだ」と子どもたちが言い出すのも納得できます。それでも、病気の子どもにとって表現活動を重要な学習活動と位置づけ実践してきたのは、子どもが不安や複雑な心の中を表現し、その気持ちを教員に受けとめてもらうと、子どもは安心し、そして、教員との信頼関係の中で「これでいいんだ」と自分を肯定することができ、自信をつけていくと考えられるようになったからです。

4 表現をするために

つまり「表現」をするためには受けとめてくれる相手が必要ということです。そしてその受けとめてくれる人との信頼関係の中で、固まっていた心が解きほぐされ、出したくても出せないでいたものが表出されるようになってくるのです。

また一方で、「伝えたい思いや願い」「感動」といった内面があるということが、表現をするための大前提であり、深層とも言えるでしょう。つまり、病気の子どもが表現をするためのタネを見つけるということがとても大切ということです。その前提の上で、「どのように表現するか」「どうすれば効果的に伝わるか」という知識や工夫が必要になってくるのです。

では、そのような表現を子どもたちが行うためには、教員としてどのような関わりが考えられるでしょうか。

5 表現活動の実際

ベッドサイド学習で、子どもと教員と一対一の授業が続くと「先生と二人じゃつまらない。友だちが来ないかな」と、子どもが言い出します。子どもは子どもを求めています。そこで、「子どもの心が動くための支援として、子どもの力を借りよう!」と考えました。ここで紹介するのは、特別支援学校の訪問指導で、教員が病院や在宅の訪問先で同じ教材を使って指導し、できあがった子どもたちの作品を一つにまとめたという実践です。子どもが他の子どもと直接会えなくても、そばにいなくとも同じ病気療養中の仲間の存在を知ることで、子どもたちに意欲が生まれました。生き生きとした表現を始めたのです。

(1)「しゅくだいはやくやりなさい」谷川俊太郎(きりなしうた)

この作品を読んだ一年生から六年生の子どもたちは、それぞれにイメージを広げていきました。そこで教員がお母さんの役になり、子どもとかけ合いをしました。子どもの書いた一連に教員が次の一連を即興でつけ、最後に「しゅくだいすんでない」で締めくくります。授業では、子どもの言葉の速球を受けて教員が言葉を返すのですから教員の力量が試されます。教員と子どもの一対一の授業で出来上がった一人ひとりの作品を友だちに見せ、読んだ子どもたちは作者の友だちへ感想を書いて渡しました。次の作品は子どもたちに人気があった作品です(資料2)。

言葉になっていない記述で表されているところはどんなふうに読み取れるでしょうか。これはこの子の個性的な表現です。お母さんに「しゅくだいやりなさい」と言われ、ふてくされたり、面白くなかったり、「いやだなー」という気持ちが言葉にはできない記述で表され、見事に思いが伝わってきます。もし、この子どもの作品を教員が受けとめられず、「ふざけないでもっときちんと書こう」とやり直させたとしたらこの作品は生まれなかったのです。教員が子どもを受けとめ、一緒に楽しみながら作ったからこそ、意欲的な子どもらしい作品になったといえます。この作品を読んだ二年生の男の子は「おもしろい。ぼくも書いてみたい」と感想を書きました。子どもたちが興味をもち、とても人気があった作品です。

（資料2）

「しゅくだいはやくやりなさい」　小学3年作品
ポンポコリン　ペヤペンリポ　マイオコ
キャキュキョ　キチボ
ぷ～～～～
ぷ～ってな～に　おこるよ
お～～～～
お～ってな～に　しかられる
はぁ～～～～
はぁ～ってな～に　やりなさい
き～～～～
き～ってな～に　やりなさい
る～～～～
る～ってな～に
まだ、しゅくだいすんでない

教材を選ぶときに大切にしたい視点は、発達段階や生活経験に幅がある子どもをつなげるため、小学校一年生から六年生までの子どもたち誰もが経験したことがあり、イメージが広げやすい題材を選定することです。

(2)「あの丸木橋をわたると」（詩）

高学年になると素直に内面を表現することが難しくなることがあります。そこで、「だれもいそがない村」の鑑賞後、六年生の女子に「あなたならあの丸木橋をわたってどんなところに行きたい？」と投げかけてみました。

文章にするのが苦手な子どもは先に絵で表現し、その後、その絵の説明を文字にし、次の作品を作りました。地元校のことを話題にしたことがなかったので、この作品を見たときにはとても驚かされました。「長い入院になり、ディズニーランドへの修学旅行に行けなくなってしまったから、仲の良い友だちと行きたい」と書いたからです。子どもたちの明るい表情が描かれ、その子どもの気持ち、願いを初めて知ることができました。この作品作りをきっかけに、授業中に地元校の話をすることが増えました。

また、教員として地元校とのつながりの必要性を感じたケースでした。

(3)「不思議なマンションの住人」(図工の教科書から題材を見つけて)

「どんな部屋に住みたい?」と問いかけ、子どもたちは住みたい部屋を絵で表現し、その部屋の説明を文字にし、次の子どもの部屋につなげるような文を最後に付けまし

(資料3)

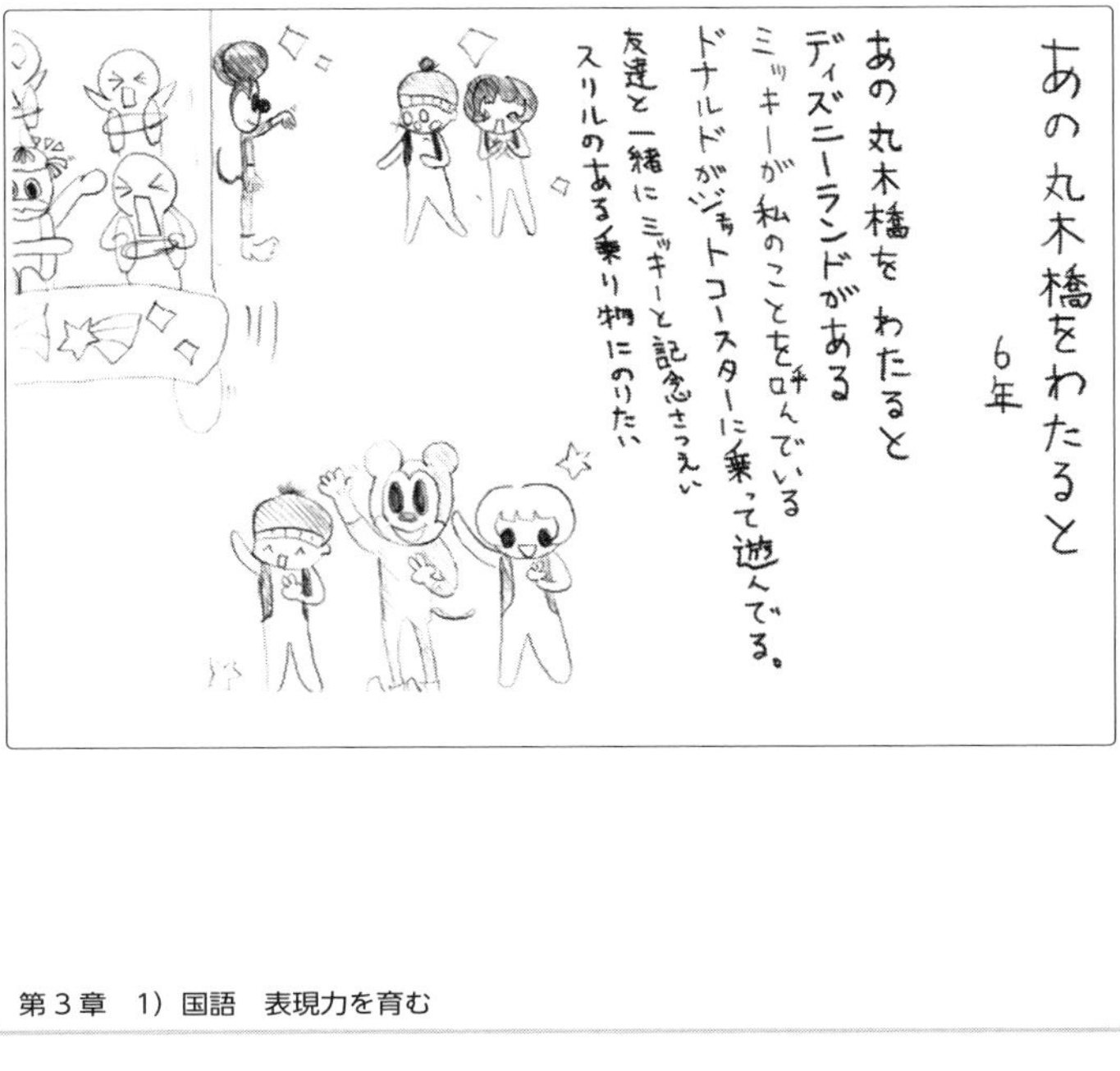

あの丸木橋をわたると
6年
あの丸木橋を わたると
ディズニーランドがある
ミッキーが私のことを呼んでいる
ドナルドがジェットコースターに乗って遊んでる。
友達と一緒にミッキーと記念さつえい
スリルのある乗り物にのりたい

た。出来上がった子どもたちの作品をすべてつなげてマンションにするという設定です。
六年生の男の子は白い部屋を描きました。絵の具はほとんど使わず鉛筆のままの作品でした。
移植部屋から出てきてまもない子どもは清潔にしなくてはならないことに気持ちがとらわれていること、気になることを抱えている心の重さを表現しているように読み取れました（資料４）。

（資料４）

「真っ白な部屋」　小６男子
だれがいるのかナゾ
ドアを開けると
畳が敷いてあった
まだ新品だった
あっちは食料庫、こっちはフロア、ベッド
あの部屋はリビング
ここの部屋に『ゲーム中』と書いてある急な階段を下りていくと
真っ白な外があった
そして一〇分後　三〇分後　一時間後
その時　床がトランポリンになって
だれかを飛ばしてしまった
つづく…

これらの実践はそれぞれの子どもが作品を仕上げたあと、友だちの作品を鑑賞し意見や感想を述べる機会を設定し、全員の作品をカラーコピーしてまとめて子どもたちに配布しました。
活動を深めるために友だちの作品のよいところを見つけたり、自分の作品を推考したりする機会を作っていけば、より活動が深まっていきます。しかし一方で、入院期間が短いことや体調などで、なかなか積み上げる活動にならないという現状もあります。そのようなときは、放課後の課題に本を提供する、体調の悪い時は「読み聞かせを行う」など、積極的に本に触れる機会をつくるなどの工夫をしています。

6 実践をすすめるために教員に求められること

(1) 教員がつながる

「子どもをつなぐ」実践を行う上で大切にしたいことは、実践のねらいや子どものケースを教員間で共通認識にしてすすめることです。同じ教材を使い、異学年の子どもたちに授業を行うのですから、発達段階に即したその子どものねらいを押さえてすすめる必要があります。「教材を学ぶ」のではなく、「教材で学ぶ」ということです。発達段階の違う子どもたちですから、同じ教材を使いながらも、当然、何を学ぶかはそれぞれ異なってくるということです。はじめから固定化された実践を行なっていくことと比べると、教員にはかなりの力量が求められます。そこで有効になってくるのが、教員間のつながり、集団での討議です。教員としての力量がそこで磨かれ育っていきます。子どもが仲間と育ち合うのと同様に、私たち教員も仲間と育ち合う、まだまだ成長途上の人間であるという自覚をもって実践を積み上げていきたいものです。

(2) 子どもの発達を学ぶ

入院してくる子どもは年齢も病気も違います。その子どもを受けとめていくために、私には肢体不自由教育で学んできた発達についての知識がとても役に立ちました。子どもの言葉や特に絵画による表現などは、その子どものどんなところに経験が足りないのかなど、子どもの内なる姿がより鮮明に見えてきます。また、細やかに子どもの心を受けとめるためのカウンセリングの基礎知識などを学んでおくことも大切です。

(3) 教員自身の感性を磨く

病気の子どもたちの心を受けとめ、授業をすすめていくためには教員自身の心の安定が必要です。さらに、授業を創るということには、教員の生き方も、無意識的に反映されます。趣味の世界を楽しみ、興味を広げ、自分自身を育てていくことが大切です。多くの芸術に触れる機会などを積極的にもつことも必要でしょう。

(中沢澄子・特別支援学校教諭)

〈引用・参考文献〉

・全国病弱教育研究会編(二〇一一)「二〇一〇年度 全国病弱研究会授業実践学習会報告」病気の子どもと医療・教育18巻
・谷川俊太郎作・佐野洋子絵(一九八七)「いち」国土社
・卯月啓子編(二〇〇八)「風に命をあずけたの」東洋館出版社

第3章

2 数学
子どもの心にどんな思いが残ったか

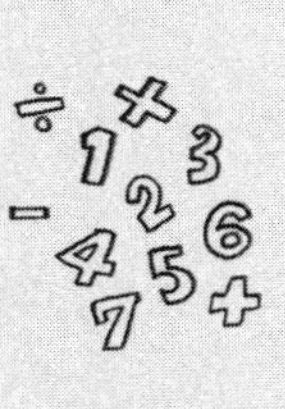

① 子どもにとっての学校

子どもたちにとって「学校」の存在は生活の大きな要素となっている場合が少なくありません。「いつから学校に戻れるのか、友だちにはいつ会えるのか、進級や卒業はできるのか…」病気に対する不安に加え、こうした不安も胸をしめつけるでしょう。そこで、そんな不安な気持ちを受けとめながら、病院の中に学校もあるし、地元校に合わせた勉強もできることを伝えます。地元校と連携を図り、同じ教材・同じ進度で学習をすすめるよう努め、安心感につなげたいと思います。

一方で、私は（学校に行かなくても大丈夫）と直接的、間接的にメッセージを送り続けます。「学校に行けないことで自分の人生はもうダメだ」などと思っている子どもには、「そんなことはない」と伝えてあげたいのです。しかし、簡単に不安を取り除くことなどできません。時間をかけて子どもと向き合いながら、子ども自身が「大丈夫」と思えるように関わり続けるしかありません。

学校は子どもにとって「行かなければならない場所」ではなく「行く価値がある」と思える場所でなけれ

ばなりません。勉強も「やらねばならない」ではなく「やりたい」と思えるものにしたいものです。

入院しながら教育を受けられるということは、「やらねばならない」ことができるという安心ではなく、「やりたい」ことができるという安心であってほしいのです。

② 安心できるよう学習のすすめ方を工夫する

治療や体調の関係でほとんど授業を受けられず、学習進度に不安を抱えていた慶子さん。中一の後半から授業をすすめられないまま二年生に進級しました。数学は積み重ねが大事です。二年生になったとはいえ、順を追って一年時の学習からすすめていくのが順当だと思います。しかし、私はあえて二年生の学習から始めることにしました。それは、慶子さんが退院を間近に控え、学習の遅れに大きな不安と焦りを抱いていたからです。

とはいえ、学習に空白があったまま先にすすんでは理解できないでしょう。そこで、学習のすすめ方を工夫しました。

教科書通りにすすめることにはこだわらず、単元ごとに一年、二年の内容を織り交ぜて学習することにしました。たとえば、一年で習う比例を十分に学習していなかったのですが、二年で習う関数の意味から学習を始め、比例も含めて学習をすすめました。方程式は一年時の一次方程式からそのまま連立方程式に発展させました。

彼女はよく「今やっているところは二年生の学習?」と確認しました。「そうだよ」と言うとホッとした表情を浮かべます。地元校に追いつこうと必死に勉強しようとする慶子さんでしたが、副作用による手指の麻痺のため思うように鉛筆も持てず焦るばかりでした。勉強がすすまない自分を情けなく思い、授業の途中でベッドに戻って泣いている姿も見られました。「大丈夫。勉強はいつからだって取り戻せるよ」と声をかけました。気休めでもなく、慰めでもなく、心から本気でこの言葉をかけました。慶子さんは涙を拭いながらうなずいていました。

学習進度は追いつけないまま復学を迎えました。ただ、学習面のほか、生活面での不安（運動機能が戻っていないこと、ウイッグのことなど）を含め、本人・保護者・地元校の担任・校長・医療スタッフを交え支援会議を行い、復学への不安の軽減に努めました。

退院して数か月が過ぎ、外来で病院に来た慶子さんが教室に立ち寄ってくれました。数学を教えてほしいというのです。副作用の影響も薄れ、鉛筆を握る指にも力がこもっていました。退院したとき、まだまだ数学の学習進度は追いついていませんでしたし、もともと数学は苦手と言っていた彼女ですが、地元校に戻り、心の安定を取り戻した今、自ら遅れを取り戻そうと一生懸命学習に向かっています。そこには、退院前のあの不安と焦りの中でのつらそうな姿はありません。むしろ楽しげにプリントに向かっていました。

入院中の学習進度は気になるものです。治療や体調の関係で、授業時間が十分に確保できない中、どのように学習をすすめればよいのか悩むことも多いでしょう。しかし、機械的にこなすのではなく、子どものそのときどきの思いや願いに気持ちを寄せて、今何をすべきかを考える姿勢が大切なのではないでしょうか。

焦りや不安を取り除き、「わかってうれしい。もっとやりたい」という思いを蓄積することがその後の学習に向かう姿勢を育むことにつながると思います。

3 「わかった!」という実感が意欲に結びつく

高校二年の二学期から地元校への復学の決まった誠司君。夏休み中も「わかると面白い」と、病院の中の学校に通い詰め、数学の勉強に取り組みました。復学後に入院前より成績があがったのは、授業中の学習でのみ力をつけたのではなく、本人の学習に向かうモチベーションが変わったからにほかなりません。仮に、どんなによい授業ができたとしても時数には限りがあります。その限られた授業を通して、子どもの学習に対する意欲にどれほど変化をもたらすことができるのかが大切な視点だと思います。そのためには、生徒が「わかった!」と思える手立てを工夫する必要があるでしょう。

数学の学習で、二つの絶対値記号を含んだ式のグラフを描く問題で、場合分けを整理して表にして見せると、生徒から「お〜、すばらしい!」と感嘆の声があがりました。複雑な場合分けを一生懸命考え、苦労して問題を解いた後だけに、一気に霧が晴れていくような感覚を味わえたのではないでしょうか。

二変数関数の最小値を求める問題。一方の文字を固定したときの最小値を求め、次に固定した文字を動かして解答を導くというかなりの難問です。仮に計算で答えを出せたとしても、その数式がいったい何を表しているのかわからない場合も多々あるのではないでしょうか。そこで、この関数がどんな図形を表しているのかを解説しました。空間内にある放物線が動いて描いた曲面を表しているのです。大きな模造紙を使ってその曲面を表し、一番低い点を求めていることを示すと、「そんなことがわかるんだ」と感想がこぼれました。

数学は問題が解けたときに一定の達成感を味わえると思いますが、単に問題を解くだけでなく、その問題の本質的な意味をできるだけ伝えたいと思います。そして、真に「わかった」と心から感動できたときに学習に向かう姿勢は変わっていくのだろうと思うのです。

4 公式はできるだけ覚えない

数学には公式がいくつも登場します。公式を知っていることでより早く問題を解くことができることがもちろんあります。しかし、意味もわからず単に公式を覚えるのはしんどい上につまらないものです。私は、できるだけ公式は覚えないように指導します。なぜかというと、意味がわかれば公式は自分で導くことができるからです。この方がずっと学習は楽しいものになります。たとえば、三角関数の加法定理。sin, cos, tanそれぞれに和と差、二倍角、半角、和と積の公式など二〇にも及ぶ公式があります。しかし、そのほとんどは基本となる加法定理さえ理解していればすべて導くことができます。よけいな公式は覚えなくてよく、導く過程が計算の練習にもなります。

5 一人ひとりの状況に応じた対応をする

信也君は、病気の影響で著しい視力低下に見舞われてしまった子どもでした。母親は病気のこと、特に眼の話題になるとつらそうに涙を流されていました。得意な書道も、大好きなクレイアニメも、もう今までのように楽しむことができないかもしれない。信也君のこれからのことを思うととても受けとめられなかったのでしょう。

一方、本人はどうだったのでしょうか。信也君は当時を振り返って「病気の説明を聞いたときは大変なショックでとても受けとめられなかった。ただ、病気の大きさよりも学校にいつ戻れるかが一番気がかりだった」と言います。信也君にとって「学校」が生活のどれほど大きな要素を担っていたかということがうかがえます。

退院後に聞いたのですが、入院当初は「病院の中の学級に行くのはイヤだった」そうです。しかし、しばらくすると放課後にまですすんできて過ごすようになりました。それは、そこに安心できる場と支えとなる人間関係があったからこそでしょう。

信也君と関わる上では、不必要に「見えないこと」を意識させないよう気をつけました。ベッドサイドに行ったときは「誰?」と思うより先に「佐藤で〜す」と言いながら近づきました。

「見えないこと」に対して腫れ物に触るような対応はせず、どうすればもっと過ごしやすくなるか、学習しやすくなるかを本人と相談しました。その結果、たとえば、聞くだけの授業から、携帯用のホワイトボードを使って学習できるようになりました。下地の色とペンの色を数種類用意して、どの組み合わせが一番見やすいか実際に試して決めていきました。

さて、数学の授業はどうだったのでしょうか。教科書もプリントも読むことができない状況の中、口頭だけの授業では限界を感じました。携帯用のホワイトボードを使うようにはなりましたが、なかなか学習は思うようにはすすみません。

そんなとき、連立方程式の応用問題を考えていて、ちょっとした思いつきで音の回数を数える要素を取り入れてみたら楽しく学習に向かうことができました。よほど楽しかったらしく、一時退院中にお父さんに同じやり方で問題を出したりしたそうです。今までの学校生活ではなかったことだそうです。音のほかにも触る要素を入れるなど、今の状況の中でも「できる」活動を用意して授業に取り入れました。「見えないからできない」ではなく「見えなくてもできる」活動を用意して学習することで、このつらい時期の授業を少しでも楽しく前向きに取り組めるものにしたかったのです。

その後、彼は地元校に戻りましたが、当初は耳にするのも抵抗があった「盲学校」も自分の意志で通級学級として利用し、拡大読書器の活用や点字にも取り組みはじめて意欲的に学習をすすめています。

6 大事なのは〝子どもの心に残るもの〟

病室から教室へと来たもののグッタリと机に顔を伏せてしまう…、ベッドサイド授業で顔を出してみると頭から布団をかぶって寝てしまう…。その日その日で子どもたちの表情や行動はさまざまです。私たちは、そうした目に見える言動ばかりに惑わされてはいけません。どんな行動の裏にも必ず〝心の理由〟があるはずです。まずは、子どものありのままを認め受けとめたいと思います。こちらが（なんとかして勉強させなければ）などと最初から思っていては、その〝下心〟は見透かされ、子どもと本音で語り合うことはできないでしょう。

グッタリして（絶対に勉強なんてしない）というオーラを全身から発している子どもも（どうしてグッタリしてるのかな?）（グッタリしてるのにどうして教室に来たのかな?）などと考えながら接することで、単に体調が悪いだけでなく、たとえば（手術を間近に控えて不安）（親に叱られてムシャクシャしている）（病室に一人でいるのは寂しい）などの心模様に気づくことがあるかもしれません。また、こちらが「ありのままを受けとめる」姿勢なればこそ、子どもたちも抱えている不安などを伝えてくれるのではないでしょうか。気持ちを受けとめてもらえたら、自分で気持ちを切り替えて学習に向かうかもしれません。

でも、どうしても学習に向かえないときは、いっそ一緒にゲームなどをして楽しい時間を共にできたらそれも大切な時間だと思います。オセロ、花札、ときにはマジックを見せてあげると急に表情が明るくなることもあります。無理に数学に結びつけることもないと思いますが、数字あてなど論理的思考を駆使するものも楽しいものです。そのときどきの子どもの気持ち、体調、関心などに応じて対応したいと思います。

大事なことは「やらせた」「やらせなかった」という教員サイドの評価ではなく、「できた」「できなかった」という目に見える子どもの行動でもなく、「子どもの心にどんな思いが残ったか」だと思っています。そのことを一番に問いたいのです。

（佐藤比呂二・特別支援学校教諭）

第3章

3 理科

発見のよろこび

1 入院していても実験がしたい

(1) 子どもたちは実験が好き

病気で長期間の入院生活を送っている子どもたちにとって、理科の授業で行う実験が、数少ない楽しみのうちの一つであったりします。「入院しても実験ができるなんて思わなかった」と、目を輝かせて実験に取り組む子どもは少なくありません。「あー、おもしろかった」と言いながら病室に帰っていく子どもの姿を見送るとき、病弱教育に携わる理科の教員としての喜びを感じます。

(2) 制約の多い病棟での授業ではあるけれど

しかし、病弱教育の現場では、一人の教員が専門外の教科も含めて、複数の教科を担当しなければならないことがあります。病院という制約の多い環境の中で、病気の子どもを相手に、専門外の苦手な教科を担当する教員の苦労は並大抵ではありません。

病弱特別支援学校の本校には、一般の学校と同じように理科室があり、設備や実験器具もある程度そろっています。それに対して、特別支援学校や地域の小中学校が病院の中に設置している院内学級や、教員が学校から病院に出向いて授業を行う病院訪問教育では、理科の授業で実験や観察を行うためのある程度の環境は、まず望めないケースが多いのが現状です。

病院には多くの重症の患者さんが入院しており、病院側が患者さんの治療や安全を最優先にするのは当然です。ですから、感染を予防するために動物や植物の病棟への持ち込みについては、ほぼ、どの病院でも禁止されています。また、火気や薬品の使用もできないことが多いようです。

病院内の教育では、授業時間数は通常の学校に比べると少なくなります。体調不良や治療・検査のために授業を欠席することも少なくありません。そのため、退院までに地元の学校の進度に遅れないようにと、教員が一方的に教科書の内容を説明するだけの授業になってしまうことにもなりがちです。でも、実験も観察もせず、教科書を読んで、プリントに答えを書き込むだけの理科の授業なんて、想像しただけでもつまらなさそうですね。

2 病気の子どもに寄り添いながら

(1) 入院して半年が過ぎたともや君

ともや君は中学二年生。小児がんを治療するために半年前に入院し、特別支援学校の病院訪問教育を利用して入院中も勉強を続けています。スポーツが大好きな明るく活発な少年で、点滴をしていないときには、とても病気の子どもとは思えないような様子でした。よく冗談を言っては周りの大人たちを笑わせていました。抗がん剤の点滴治療をしたあとは、多くの子どもたちの場合は気分が悪くなって、とても勉強ができるような体調ではなくなります。でも体力・気力とも充実しているともや君は、治療中でも授業を休むことはほとんどありませんでした。

抗がん剤の治療が功を奏して腫瘍が小さくなり、外科手術で腫瘍を取ることになりました。手術が無事に終わり、授業も再開しましたが、以前のともや君のような元気な様子がみられません。傷口の痛みがなかなか引かず、自分の体がいったいどうなってしまったのだろうと不安に思っているようでした。授業中も無口で、笑顔もみられず、時には授業の途中で病室に帰ってしまうこともありました。

⑵ 教員にできること

病気の診断を受け、長く入院することになってしまったときの子どもの反応は、大きく二つのタイプに分かれるように思います。

一つ目のタイプは、入院直後には「なんで自分が」と落ち込み、何もやる気になれなかったり、反抗的になったりします。多くの子どもは、程度の差こそあれ、このような状態を経て少しずつ心の内の葛藤に折り合いをつけ、病気が治った将来の自分自身を少しずつイメージしながら、病気に立ち向かっていくように思われます。

もう一つのタイプは、入院生活に初めから見事に適応しているかのように一見みえる子どもです。でも、どこか無理をしているような印象は否めません。

ともや君は、まさに後者のタイプでした。このような子どもは、治療の成果が期待通りに現れなかったり、予定より入院期間が延びてしまったりといった出来事をきっかけにして、突然無気力になったり、生活態度が荒れたりすることがあります。そんなことにならなければよいがと、ともや君を見守ってきましたが、現実の事となってしまいました。

こんな場合には、教員というのは実に無力だなと思います。下手な慰めや励ましの言葉などかえって逆効果です。「おまえなんかに何がわかるんだ」と子どもに言わせかねません。教員がことさら明るく元気に振る舞うのも、気持ちが落ち込んでいる子どもにとっては、うっとうしいものでしかありません。教員は、ただ静かに子どもに寄り添うしかありません。それも、子どもに拒否されなければの話です。

(3) 理科の教員はお得です

理科の担当というのは、こんなときには何だか得な気がします。教科書も開かない、ノートもとらないような子どもでも、「実験やろか」というと、けっこう誘いに乗ってくるのです。「理科の先生は、実験で子どもを楽しませることができるからいいね」と、よく国語や英語の先生に言われます。確かにその通りだと思います。

ともや君とはちょうど「電流」の学習をし始めた時期でした。病棟の中での実験には何かと制約があるとはいうものの、乾電池や電流計などの持ち込みについては特に制限はありません。ですから、「電流」の学習では、毎時間のように実験をすることができます。

3 電流の実験――病院訪問教育での実践より

(1) 導入にもちょっとした演出を

実験道具が詰まったかばんをいったん学習室に置き、病室にともや君を迎えに行きました。案の定、ともや君は今日も口数少なく無表情のままどっかと学習室のイスに座ります。

「今日は実験やるよー」――「………」。

ちょっと顔が上を向いてきました。

「はい、電流計」――「おっ」。

「はい、スイッチ」――「おおっ」

「はい、電池ね」―「はい、豆電球」―「はい、導線」……

もったいをつけて、大きなかばんから一つひとつ取り出していきます。

ともや君、何だか興味津々です。スイッチや電流計を勝手に触って眺めています。

「じゃあ、今日は回路を流れる電流の大きさを、回路の中の何か所かで測ってみるね」

「ん……」

「豆電球を二つ使って直列回路を作ってみて」

先週の授業でノートに描いた回路図と見比べながら、回路を組み立てていきます。

「スイッチのところは、どうやってつなげるんだ」などと独りごとを言いながら、熱中しはじめています。

(2) 実験結果を予想してみる

回路をつくり終えたところで、実験結果を予想します。

「電流は、プラス極からマイナス極に流れていくよね。それで、電池のプラス極と一つめの豆電球との間、二つの豆電球の間、二つめの豆電球と電池のマイナス極との間の三か所で電流を測ってみるとどうなってるだろうね」

「そりゃ減っていくでしょ」

「減るの？　なんで？」

「だって、あたりまえじゃん。豆電球で電気が使われるんだから」

「ふーん。なるほどねえ」

「えっ、ちがうの？」

「さあ。じゃあ、確かめてみようか」

「えーっ、なんか怪しいなあ」

そんなやりとりを楽しみつつ、いったん回路をくずして電流計を組み込み、順番に電流を測定していきます。このころには、かなり以前のともや君に戻ってきていました。

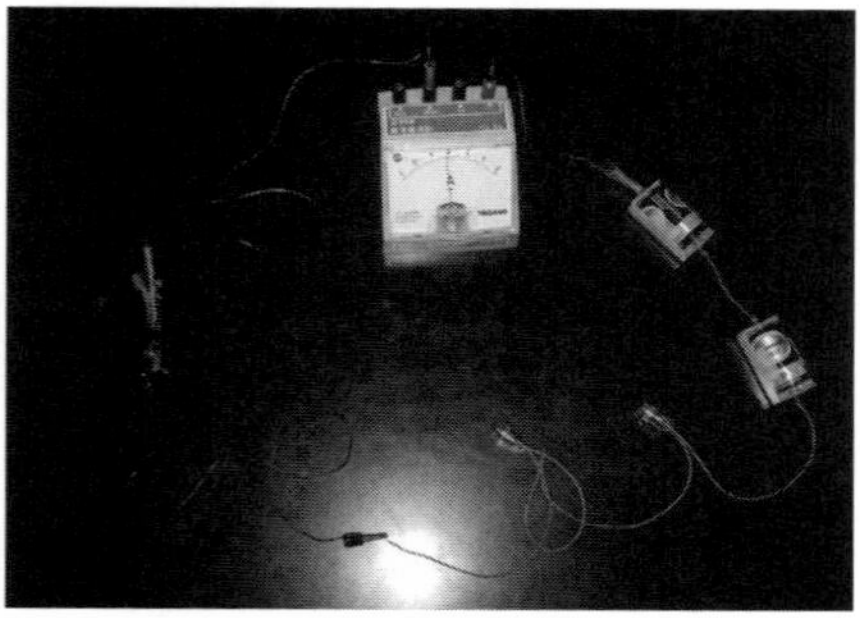

(3) これは「仕掛け」です

一か所目の測定ができました。「230（mA）」と、自信満々にともや君が言います。

「ええーっ。そんなにないんじゃないの。２２０でしょ」と教員が横やりを入れる。

「そんなことないって。そんな斜めから見てるからだよ。こっちに来て、まん前から見て。絶対２３０だよ」

と、むきになって説得にかかるともや君。

「あ、ほんとだ。２３０だ。わるいわるい」

「ほれ、みてみい。先生が間違えたらだめでしょ」と得意げです。

そして、二か所目を測ります。すると「２３０（mA）。あれ、同じだ」。

三か所目も測ると、「あれ、また２３０（mA）」。

予想が外れました。でも、ともや君は十分に満足そうな様子でした。

最後に「直列回路では、どこでも電流の大きさは同じ」とレポートにまとめを記入して、この日の授業が終わりました。ともや君は、「あー、疲れた。今日は張り切ったー」と言い残して、笑顔で病室に戻っていきました。

4 モノではなく、子どもとのやりとりで勝負

(1) なぜともや君の笑顔が戻ったのだろう

この日の授業が終わり教員が帰った後、ともや君は「前は暗かったけど、先生と実験をやって、立ち直れた」と病室で話していたそうです。後日、この話を聞いたときには、心の中で、「よっしゃ、やったー」と思いました。同時に、うれしさの反面、「どうして、この程度の実験で『立ち直れた』なんてすごいことを言ってくれたの

だろうか。いつもやっている、何の変哲もない実験だったのに」と、いぶかしく思う気持ちがありました。

この実験は、どの中学校の教科書にも載っています。教科書の実験を、教科書の通りにやっただけです。教員が何か特別に創意工夫した教材を用いて実験をしたわけではありません。理科教育を一応専門とする教員にしてみれば、自分で独自に工夫した教材を用いて行った実験がうまくいけば大喜びですが、教科書通りに実験をやって誉められても正直なところ大してうれしくはありません。

ありきたりの実験で、なぜともや君の笑顔が戻ったのでしょう。

(2)「すごい実験」でなくてもよい

小学校の教員や、病弱教育の現場で理科の免許をもっていないのに理科の授業を担当しなければならなくなってしまった教員の中には、「理科は苦手」「実験はやりたくない」と考えている方が少なからずいるようです。そのような先生の中には、「理科の教員というのは、すごい実験をやらねばならない」という先入観をもってしまっている方もいるのではないでしょうか。いえいえ、決してそんなすごい実験なんかする必要はありません。病院内など病弱教育の現場では、教科書に載っている実験ができたというだけでも十分です。「すごい実験」などやらなくても、やり方しだいで子どもは十分満足してくれます。

(3) 子どもの好奇心を大切に

ともや君と一緒にした電流の実験を、今一度振り返ってみたいと思います。実験はたしかに教科書通りですが、授業の展開のなかにはいくつかの勘所があります。まず、時間や効率を気にして、実験器具を机の上にあらかじめ並べておくということはしません。学校から運んできた大きなかばんの中から、「はい、電流計」「はい、スイッチ」と、おもむろに一個一個取り出していきます。生徒の気を引くための演出効果を考えることも大切です。

生徒が器具を勝手に触っていても、危険でもない限りは好きなようにさせておきます。学校の理科室で何十人もの生徒を相手に授業をするのであれば、教員の指示をしっかり守るように指導しなければならないでしょうが、病院の中で、一人や二人の子どもを相手に、いちいち目くじらを立てて注意するまでもありません。黙って見守っていればいいことです。教師主導ではなく、子どもの好奇心を大切にして、子どもが主体的に実験に取り組める雰囲気づくりに努めたいものです。

(4) 子どもが主体的に取り組む実験

実験に先立って、結果の予想を立てました。子どもがこれまでに学習して身につけた知識や生活体験を動員して、論理的に結果を予想してみることは、科学的な思考力を育むためにも重要なことです。示された手順通り、教員の指示通りに実験をすすめて、「こんな結果になったね」で終わってしまっていては、喜びや感動は味わえません。実験の目的を理解し、結果を予想し、本当にそうなるかどうかを実験して確かめてみる。子ども自身が見通しをもって、主体的に実験に取り組むことが重要です。結果が予想と合っていたか違っていたかは大した問題ではありません。

また、予想をレポートに単に書き込むだけではなく、教員が子どもとの臨機応変のやりとりを楽しみつつ、その場を盛り上げたいものです。

よくありがちなことは、教科書で一通り学習をすすめてしまい、知識だけ身につけた後にアリバイ的に実験をすることです。授業時間が少ない病弱教育の現場では、とりあえずは学習進度が遅れないようにと、そのような授業展開をしてしまうことがあります。それでは、実験をしたという事実は残っても、子どもの感動や内面の変化を引き出すことは難しいように思います。

(5) 知識の切り売りではなく

電流計の値が、「230mA」か「220mA」かで、生徒と教員がもめる場面がありました。本当は「230mA」なんです。教員がわざと斜め後ろからのぞき込んで、「220」と間違った値を言ってみたのです。教科書には「電流計は水平な台の上に置き、正面から値を読み取ること」と、電流計の正しい使い方が書いてあります。ともや君は、教科書は読んでいませんでしたが、教員とのやりとりをきっかけにして、ちゃんと正しい電流計の値の見方を自分の力で気づいたわけです。このような学習の積み重ねが「生きた知識」になるのだと思います。

5 病弱教育の理科で大切にしたいこと

(1) 「楽しい」がいちばん

重い病気で長期入院している子どもは、治療のために病棟の中での日常生活を規制され、管理されています。病気を治すためには、痛い点滴を打たれ、苦い薬を飲まされ、好きな食べ物もがまんさせられます。常に受け身の存在である入院生活の中で、病院の中の学校にいる時間は、子どもが主人公になれる貴重な時間です。

病院の中の学校にいる間に、子どもたちには、楽しいとか、うれしいとか、わくわくするとか、そういった気分をできるだけたくさん味わってほしいのです。そして、不安とか、心配事とか、イライラする、といった気分はなるべく少なくなってほしいと思います。だから、理科の授業も「楽しいこと」がいちばんだと思っています。

(2) 入院生活のなかに手応えを

では、病弱教育での理科の授業の「楽しさ」とは何でしょう。「実験＝楽しい」ではありません。やらされる実験や、やる前から答えを与えられた実験が楽しいとは思えません。病弱教育の理科の楽しさには、一般の学校での理科の授業で味わえる楽しさに加えて、何かもう一つの要素があるように思います。

電流の実験を終えたときに、ともや君が言った「あー、疲れた。今日は張り切ったー」という言葉の中にその答えがあるような気がします。単調で、がまんばかりの毎日の中にあって、疲れてしまうほど夢中になり、張り切りたくなる何かを入院中の子どもたちは求めています。そんな子どもたちの期待に応えられるよう、理科の教員は実験ネタの引き出しを増やしていきたいものです。

（水野利之・特別支援学校教諭）

第3章

4 音楽

音楽が心に寄り添い支えるために

① 子どもたちに歩みよるために

病院内にある学校で教えていると、さまざまな疾患を抱えた子どもたちに出会います。突然の環境の変化に戸惑いを感じている子どももいれば、入院や治療・副作用などによって生じる不安やストレス・恐怖感から心を閉ざしてしまう子どももいます。そうした子どもたちに対応するため、事前にファイル資料や他の先生方から情報を得るのですが、さまざまな事情や都合により、ほとんど情報がないまま授業を任されることもあります。

そんなときは、「授業始め」のちょっとした「おしゃべり」に耳を傾け、少しずつ子どもたちの様子を把握していきます。子どもたちが自ら表出することが難しくなっている不安や複雑な思いなどは、「初めての授業」や「授業始め」に表出しやすいと考えているからです。

ある日、授業開始前から「今日は、ほとんどしゃべらないな…」と思った子どもがいました。すると隣に座っていた子が「口の中に口内炎ができて、お話ししにくいんだって」と言って、友だちの様子を教えてくれたことがあります。

このように、ちょっとした「おしゃべり」の中に、大切な情報が含まれていることがあるのです。いろいろな方法で得た情報をもとに授業を再構成していくのですが、子どもたちの心を開くためには、個々の反応に柔軟に対応し、周辺から興味のあることを見つけ出す作業が重要となります。その一つの方法が、曲当てイントロクイズです。

入院中はTVやDVDを観ている子どもが多いため、アニメソングやドラマ挿入曲・CMソングなど、いろいろなジャンルの曲を弾きます。病棟でよく聴いていると思われる曲を弾くことで、子どもたちが「いつもの自分を出してもよいのだな」と思えるような雰囲気をつくり、それが子どもたちにとって「いつもの自分でいられる場」の提供につながると考えているからです。

イントロクイズが始まると、「この曲、知ってる!」と言って急に話し始める子や、表情に変化の現れる子がいます。好きな曲を聴いて緊張がほぐれ、好みのキャラクターが同じということで子ども同士の話がはずみ、友だちづくりのきっかけとなることもあります。また、そこから生活環境や性格のアセスメントを行うきっかけとなることもあるのです。

子どもたちの「その日・その時」の状態を把握し、それぞれが活動に参加しやすいような心の状態にもっていくことが大切なのです。

ここで言うイントロクイズには競争の意味合いはなく、授業に取り入れるようになったのは、予想とは大幅に違う子どもたちの反応を機に、新たなアプローチ方法を考える必要があったからです。

初めて病院にある学校で教え始めた頃のことです。「じゃあ、歌ってみようかな?!」と言うと、子どもたちは「し〜ん」と静まりかえってしまいました。こういう時は何ともいえない空気が流れるものです。お昼休みの楽しい様子とはまるで違う子どもたちの姿をみて「これはまずいな…」と思い、授業で演奏してみたい曲、扱ってほしい曲などについて自由に書いてもらいました。その回答には、合奏でいろんな楽器をいじってみたいとか、ドラマの挿入曲を歌ってみたいなどの意見が多くあり、「し〜ん」としていた子どもたちも音楽が好きであることが伝わってきました。

そんなとき、「最初の授業」が「最後の授業」になってしまう子どもがいる現実を思い知らされました。いろいろな制限がある中で、その子どもに適した授業をそのつど考えることが重要であると考え、子どもたちが知っている曲や好きな曲を、その場で知るために直接尋ねることにしたのです。「この曲知ってるかな?」と言い、ジャンルを問わずに、曲のさわりを次々に演奏していたので、「イントロクイズみたい!」と言われ、それからしだいに授業に取り入れるようになりました。

四人部屋で授業をしたときに、はじめはカーテンを閉め切り周りの人と言葉を交わさなかった子どもが、好きな曲を通して話し始めたことがありました。クイズを始めた途端、「サ〜!」とカーテンを開けたのです。「この曲も弾ける?」と言って起き上がってくる子どももいて、授業をきっかけに友だちになれたという話を聞いたときはうれしく思ったものです。

しかし、心に傷を負った子どもや病気であるがゆえに、子どもの心を捉えきれず、戸惑うこともあります。ある日のことです。病室へ入ると、体調も気分もすぐれず授業はできないかもしれないと言われていた子どもが、反対側に顔を向けたまま横になっていました。ベッド周りのものなどから好みのものなどを探り、いろいろな曲を弾いてみました。反応はなく、本人は反対側を向いたままなので、周りからみると一人芝居をしているかのように見える状況です。それでも「これはどうかな？」などと言いながら授業を続けていきました。

その日はこちらに顔を向けることもなかったので、「この楽譜はいらないかな」と言って本人のそばに置いていた楽譜を持ち帰ろうとすると「いる！」と言って、ちょっとだけ顔を向けてくれました。ずっと反対側を向いていて反応もありませんでしたが、実は聴いていたのです。時間はかかったものの、何度も授業を重ねていく中で、本当は音楽がすごく好きな子どもであることがわかりました。

虐待の影響で音過敏になっていた子どもは、授業に参加するのが難しい時期もありましたが、イントロクイズには答えてくれました。それをきっかけに、授業に参加する時間を徐々に伸ばしていき、少しずつ環境に慣れていったのです。

逆に反応が強い場合には、受けとめる対応が必要です。どんな曲もすばやく答える子どもがいると、周りの子どもがやる気をなくすことがあるからです。その場合は、二択クイズや○×クイズに変更したり、やる気の失せた子どもしか知らないような曲を取り入れるなどの工夫をします。

このように、子どもたちの反応はさまざまですが、知っている曲を聴くことによって、子どもたちに安心感をもたらすことも大きなねらいです。さらにイントロクイズは、毎回ではなくその日の雰囲気をみながら必要に応じて行い、その中でメイン授業につながる曲を選択し、歌唱や合奏活動へと移行するための方法でもあるのです。

2 歌唱活動

授業の導入時、イントロクイズや話の途中で「この曲歌ってみたいな！」というような反応が多かったときに歌唱へ移行すると、子どもたちの気持ちもスッと歌に入りやすくなります。したがって、曲を提示するタイミングは重要です。友だち同士で気まずい雰囲気の時も、歌い始めるとお互い笑顔になり、一気に教室の雰囲気が変わったこともありました。

しかし、少人数の授業や中高生の授業で、「さあ歌いましょう！」といきなり言っても、恥ずかしさなどから声を出すことを躊躇してしまうことがあります。その場合は、合奏などの活動を先に行うことがあります。心身の状態によっては、少し触れれば音が出る楽器演奏の方が、子どもたちへの負担が少ないと感じることがあるからです。授業の始めに「歌いたくない」と言っていた子どもも、合奏で気分が乗ってきたあとに歌唱活動へ移行すると、自然と周りの子どもたちと一緒に歌っていることがあるのです。

伴奏しながら歌うときは、子どもたちの様子をみて声量を上げることがあります。恥ずかしがっている子どもが「自分が歌っても周りに聞こえにくいのかな」と思いやすいからです。子どもたちの声が出てきたときは、声量を少し下げたりしながら、友だちと一緒に歌う楽しさを感じやすいように配慮します。

病室での授業になると、「この曲聴きたいな…」とだけ言い、歌おうとしない子どももいます。中高生の最初の授業では特にそういうことが多いので、そういうときは鑑賞に切り替えます。ところが、周りの子どもが「私もこの曲好きだな」と言って興味を持ち始めると、しだいに一緒に歌うことがあるのです。

このときは、同室の子どもたちのおかげで、鑑賞から歌唱へ自然と移行できましたが、中には鑑賞を続ける子どももいます。

以前、小学部高学年の授業をしていたときのことです。声を出さずに聴いているだけの子どもがいましたが、よく見ると、集中してとても良い表情で聴いていました。声は出していないのですが「この曲好きなんだぁ」と言って、満足そうな表情で話すのです。

同じような例では、全く声を出さないでいても、演奏が終わると「この曲いい曲だね！　もう一回歌いたい！」と感想を言う子もいました。声は出していないのに、「歌いたい！」と、楽しげに言うのです。その様子を見ながら、「歌っていなくても歌うことと同等の意味があるのだな」と実感するようになりました。「本当は歌が好き」という、子どもたちの想いに重点をおけば、歌詞がついているからといって必ず歌う必要はなく、提示した音楽に共に接していることが重要だと思うのです。したがって、歌唱の目的は、歌を上手に歌うことではなく、表情を豊かにし楽しく過ごすことにあると考えています。

3 選曲の重要性

合奏の曲などを決める際には、授業の動機づけにもなるため、できるだけ子どもたちが選択できるようにしています。治療中は、選択する機会が少なくなっているため、そこから生じると思われるストレスなどを軽減する意味においても、子どもたちが選択できる機会を設けることは重要です（ただし、心療内科で治療中の場合には、何かを「選択すること」に戸惑いを感じやすい状態のこともあるので、提示した数曲の中から選ぶ、あるいは友だちと一緒に選ぶというような方法で対応することもあります）。

また、授業で扱う曲によって、子どもたちの反応が大きく変化することがあります。

あるとき、小学一年生で初めて授業に参加したため、極度に緊張していた子どもがいました。口を動かしても声にならないほど緊張していたのです。「どうしようかな…」と思いながら、その場で話題になった曲を弾くと「この子は、そのアニメに出てくるおばあさんの物まねが得意なんですよ」と保護者が教えてくれました。その曲をきっかけに、その子の視線が保護者だけでなく周りの人にも向くようになり、少しだけ笑ってくれたのです。初登校ということもあり、歌を歌ったらその子は病室へ戻るはずでしたが、友だちがトーンチャイムの演奏を始めると、「私もその楽器にさわってみたいな…」と言い、最後まで参加することになりました。その子の話す声を初めて聞くことができたうれしさを感じながら楽器を手渡しました。

入院してから一か月以上まったく笑顔を見せなかった子どもの授業では、保護者に聞いて本人の好きなアニメの曲を弾いてみました。少し間をおいてから、とても小さな声で応えてくれました。その様子を見ていた数人の医療スタッフが、そのアニメのワンシーンを再現すると、大きな声で笑ったのです。保護者と医療スタッフの協力のおかげで、子どもの心の扉を開けることができたように感じられた瞬間でした。

ある曲をきっかけに、子どもの心が「いつもの自分」に近づくと、自然といろいろな活動に参加してみようという意欲が生まれるのだと思うのです。フィットする曲やアレンジは、人によって異なり、同じ人であっても、その日の体調によって変わってくるものですが、その場の状況に合わせて選曲し、柔軟に対応していくことが重要だと考えています。

4 合奏活動・楽譜の留意点

(1) 鍵盤楽器

合奏では、個々のレベルに合わせた楽譜を準備しておきます。メロディー譜の音符の上にあらかじめ音名を書いておくと、音符の長さを把握しながら演奏できるので、ピアノを習ったことがある子どもは、この楽譜を好む傾向が強いです。楽譜をみるだけで気が滅入るタイプには、カタカナだけで音名を書いた楽譜を準備しておきます。同じ内容のものでも、楽譜に音名を書いたものだと「難しい…」と言うのですが、カタカナ表記だけの楽譜を提示すると、「簡単だ!」と言って弾き始める子どもがいるのです。

それでも、鍵盤楽器に苦手意識があり、活動に移行できないような場合は、ベース音だけを記した楽譜を提示します。音が少ない上、A4用紙一枚に演奏するすべての音符が書いてあると、「これならできそう!」と言って演奏し始めることが多いのです。学習発表会などに向けて短期間で演奏を習得する必要があるときなども、こうした楽譜は役立ちます。

(2) デジタルパーカッションの活用

デジタルパーカッションを使用すると、ドラムの音が加わり、音に厚みがでます。興味をもつ子どもが多いのですが、思ったよりも体力を消耗することがあるので、子どもたちの様子を見て、休憩をいれながら演奏してもらいます。各パッドに、番号を書いたシールを貼っておくと、単純でわかりやすい楽譜を作成することができ、演奏が簡単に感じられます。

(3) 和音を用いた合奏

ベルハーモニーやトーンチャイムなどを使う合奏では、和音を用いたアレンジにすると曲数も演奏パターンも広がります。最初はベース音のみを演奏してもらい、「慣れちゃって簡単」などと言い始めたところで、和音による合奏を行うと効果的です。「ドミソ」は赤、「ソシレ」は青、「ドファラ」は緑というように、和音によって色を決めると楽譜が簡単になります。ホワイトボードなどに、色分けした画用紙やマグネットで演奏する部分を提示するとわかりやすく、視線が一点に集中することで、みんなで合奏している雰囲気を味わうこともできるのです。

和音も少しずつ増やしていくと、徐々に難易度も上がり、子どもたちの達成感も得やすいと考えています。

(4) 楽器の音量に関する配慮

治療中で体調がすぐれないときは、音過敏になりやすい傾向にあります。以前、ベルハーモニーを鳴らした友だちに向かって「うるさいなあ」と言い、耳をふさぎ始めた子どもがいました。楽器の一部にテープを貼ると音が小さくなり、本人たちも納得して活動に移行できたことがありましたが、思いきり楽器を演奏したがる子どももいます。全体のバランスをとるのが難しいと感じたときは、ドレミパイプがお勧めです。リレーで使うバトンのような形状の楽器で、和音にするときは、お互いに楽器をぶつけあって演奏することも可能なので、音楽に苦手意識のある子どもにも好評です。

⑸ 楽譜の留意点

合併症や治療により、以前よりも反応が遅いと感じられたようなときや知的な障がいがある場合には、音を色分けし、楽譜と楽器に同じ色のシールを貼って照らし合わせながら演奏するという工夫が有効です。

副作用などにより急激に視力が落ちているときや弱視の子どもの場合は、字の大きさにも配慮します。少しの差で、読みやすさに大きな差が生じるからです。

治療の途中で全盲になった子どもの場合は、膨らみのあるシールを鍵盤に貼って対応します。たとえば、「ド」に一枚、「ソ」に二枚膨らみのあるシールを貼ると、周りの友だちに鍵盤の場所を聞かなくても、手で触れれば自分で探すことが可能になります。和音による合奏で二拍ずつ音を鳴らす曲では、拍を打つ所すべてに一枚シールを貼り、その子どもが演奏する箇所に二枚シールを貼ると、タイミングを自分でつかむことができるのです。

全盲になったばかりのときに、点字を学習するのは、心理的に大きな負担をかけるのではないかと思い、このような方法で対応しました。合奏曲のメロディーを演奏する場合は、音名で歌ったものを録音し、ＣＤにして本人に聞いてもらうというのも一つの方法です。

また、すでに点字を学習している子どもに対応する場合は、ある程度点字を学ぶことをお勧めします。授業で扱う曲の歌詞やプリントを点字で作成しておけば、本人の負担が減り、さまざまな不安の軽減につながると考えるからです。「点字は難しいのだろうな…」と、当初は思っていましたが、点字盤を用意し、覚えていなくても点字一覧表を見ながら打てば、時間はかかっても作成できるものです。

すばやく対応ができなかったとしても、「音楽を楽しみたい」と思う子どもの気持ちを懸命に感じ取ろうとする心を持ち続けることが大切だと考えています。

5 限られた時間の中で

終末期にある子どもと出会い、命に限りがあることを知らされた上で授業をするとき、どう接するべきなのか、考えさせられることが多々あります。迷いを感じながらも、いつも心がけているのは、配慮すべき点は最大限にしつつ、いつも通りの雰囲気で接することです。なぜなら、非日常の連続の中で、穏やかな日常の雰囲気を味わうことは、とても重要だと考えているからです。

以前、中学部の子どものベッドサイド授業へ行ったときのことです。すでに起き上がれない状態で、周りにはご家族や親せきの方が付き添っていらっしゃいました。どう対応すべきなのか戸惑いがありましたが、いつもの口調で授業を始め、本人が聴きたがっていた曲を歌い始めると、周りの方々が涙を流されているのがわかりました。

こういうときは、心が震えるような感覚になり、一緒に涙を流してしまいそうになります。何度も心に言い聞かせて、平常心を保つように心がけました。

歌い終えて「どうだったかな?」と尋ねると、本人が動かさなくなっていた右手を上に持ち上げて「いいね!」というしぐさをしてくれました。ふだんよく見せてくれていたしぐさです。それがその子との最後の授業となりました。

痛み止めで朦朧としている子どものそばで、いつも「歌を聴きかせてあげたい」と話され、そのつど涙を流されていた保護者もいました。

ＩＣＵから出てきた日に授業を行った子は、その日が最期の日となり、「授業をして良かったのだろうか…」と思い悩みました。数日後、保護者が「ＩＣＵから出て来られたのは、最後の授業を受けるためだったのですね」とおっしゃっていたことを知り、言葉にならない思いがこみあげてきたのを、今でも覚えています。

尊い命が消えてしまうのは、本当に悲しいものです。子どもたちの死に直面するたび、一人ひとりが、かけがえのない存在であることを思い知らされます。

限られた時間の中で、懸命に生きた子どもたちの思いを無駄にしないためにも、これまで出会った子どもたちの反応から学んだことを、これから出会う子どもたちに生かしていきたいと思っています。

6 目の前にいる子どもたちのために今できること

終末期の子どもも含め、入院中の子どもたちの環境はさまざまです。子どもたちの反応は、たとえ同じ日であっても体調の変化などによって変わってきます。授業内容変更の必要性を感じることは多々ありますが、どんなに工夫したアプローチを繰り返しても、うまく関係を築けないこともあります。準備した教材がすべて通用しないこともあります。しかし、接する側の「こうでなくてはならない」「こうあるべきである」という既成概念によって、子どもたちの思いが踏みにじられるようなことがあってはならないと思うのです。

今、目の前にいる子どもたちが、「何を必要とし」「何ができるのか」、瞬時に状況を把握し、適切な活動をその場ですぐに提供できるようにしていくことが重要であると考えています。言い換えれば、常に子どもの視点に立って接することができる引き出しを増やし続けることを忘れてはならないということです。

（堀口眞理・特別支援学校〈病院内分教室〉非常勤講師〈音楽〉）

※ツールの紹介

拓殖大学 感性インタラクション研究室が開発した音楽ツールを紹介します。「Cocorooto」（心音）、「Haneoto」「Someoto」の三作です。「Someoto」（染音）は、第６回キッズデザイン賞（特定非営利法人キッズデザイン協会）を受賞しています。音楽に苦手意識をもっていても「パソコンならできそう！」という子どもや、音楽の先生以外でも活用可能なツールです。「チャイルドライフ・デザイン」のＨＰより、無料ダウンロードできますので、ご興味をおもちの方はご覧ください。

〈参考文献〉

・堀口眞理（二〇一〇～二〇一一）音の風景、小児看護 Vol 33 No.1 ～ Vol 34 No.12

第3章

5 総合的な学習の時間

生きる力を育む　病院内の社会的資源を有効活用して

1 病気の子どもにとって「総合的な学習の時間」のねらいとは

病弱教育において「総合的な学習の時間」をどのようにとらえていけばよいでしょうか。

入院生活を余儀なくされる子どもたちは、慣れ親しんだ家庭や地域、学校などのある当たり前の日常生活から離され、治療により健康を回復させることを第一の目標とする病院に身をおき、毎日を過ごさなければならなくなります。その日々は、治療のために検査や採血を繰り返したり、感染予防のために生活を制限されたりなど、自分の意に反してすすめられることが日常的にあり、閉塞感が強く、どうしても受け身にならざるを得ない環境であることが多くみられます。

その中で、生命の維持という命の根幹に向き合うことを求められ、時に「どうして自分ばかり、こんな病気になっちゃったんだろう」「あれもこれもできなくなっちゃった」「これから先、楽しいことなんかない。一生ついてくる病気だから」など、自分のことを価値がないと思ってしまったり、将来に対して夢を描けない心境になってしまったりすることもたびたびです。病気と闘っている今の自分を受けとめ、今を前向きに生きようとする態度や感性、つまりは生きる力を育むことが何よりも求められる状況にいる子どもたちといえます。

そのような子どもたちにとって、「主体的に取り組むことができる」「協同して仲間と一体感をもつことができる」「具体的な目標を立て取り組んでいくことで達成感を味わうことができる」「発表の機会を通して他者から評価を受けることができる」さらに「それらにより自己肯定感をもつことができる」「将来に向けた自分の生き方をイメージすることができる」、これらをねらいとする「総合的な学習の時間」は、とても魅力的で意義深い教育活動と捉えることができるでしょう。

2 実践事例――職業について考える（小六女子・愛さん）

(1) コンビニ店員体験

「職業について考える」というテーマで、身近な仕事場所を選んで見学に行きました。最初にコンビニに見学に行きました。小学一年生と三年生と一緒の見学で、唯一の六年生として参加しました。店長さんに質問をするために事前に尋ねることを考え、当日は中心になって質問をしました。店舗の中では、店員さんたちがどのような仕事をしているのかを見学した後、カウンターの中に入れていただき、お客さん役の店員さんの買った商品をバーコードで読み取り、レジスターが開いてレシートとおつりが出てくるところを一人ひとり体験させてもらいました。

参加した全員が初めての体験で、とても緊張しながら、慎重にバーコードリーダーを操作していました。

体験後はとても高揚した口調で「楽しかった！」「何気なくやっているように見えるけど、やってみたらすごく緊張したし、手際良くやるのはけっこう難しかった」などの感想を述べていました。ふだんは目にすることのない店舗の裏側の事務所にも入れていただき、納品された品物が積み上げられているところで店長さんのお話を聞きました。

⑵ 薬剤部見学

その後、別の機会に、愛さんが興味がある仕事としてあげた薬剤師の仕事について見学に行きました。A病院の場合、薬剤部は入院棟の地下一階にありふだんはまったく立ち入ることのないエリアに位置しています。事前連絡の上で訪問すると、四人の薬剤師さんが歓迎してくれました。薬剤師の着用する白衣を着せてもらい、愛さんは頬を紅潮させてうれしさと恥ずかしさの入り混じった気持ちを表していました。

まず、外来患者用調剤室を見学させてもらいました。ここは、外来で来た患者さんにお渡しする薬を調剤しているところで、外来患者に薬を渡すカウンターの奥のガラス張りの部屋の中で、全員が白衣、帽子、手袋、マスク着用、エアーシャワーで外部からの埃などの侵入を遮断している、関係者以外立ち入ることのできないエリアになっていました。

その後、入院患者向けの薬を調合している注射調剤室、納品された薬を全般に管理している薬品管理室を見学させてもらいました。自分の入院階の番号が書かれた薬を運搬するワゴンが置かれていたり、見慣れた薬の袋があったりして、自分の薬がここで調合されていることがわかり、大変身近に感じている様子がうかがえました。ここでは、愛さんが考えていった質問に答えてもらったほか、実際に水薬と粉薬を混ぜる作業を体験させてもらい、いろいろな色の付いた水薬にさまざまな匂いの違いがあることを教わりました。薬の名前で間違いがないことをチェックするのはもちろんのこと、色や匂いなどからも二重三重にチェックされていました。「絶対に薬を間違ってはならない」厳しい職業であることを目の当たりにし、「自分には、ちょっと大変だ」という感想をもつと同時に、「たくさんの人にお世話になって、守られているんだな」ということも感じたようでした。

(3) 二つの見学を比較して

その後、この二つの場所を見学して学んだことを表にして、自分なりの職業についての考えをまとめました。まとめの発表会では、写真やビデオを加えながら、表を使って発表しました。

コンビニの店長さんと薬剤師さんの仕事内容は異なりますが、仕事をする上で大事にしている気持ちは、どちらもお客さん・患者さんの役に立ちたい、喜んでもらいたいとの気持ちであることがわかりました。また、それぞれの仕事が楽しく好きだということも共通していることがわかり、仕事に就く上での大事な視点に気づくことができました。

発表会後には、見学先にお礼の手紙を書きました。愛さんはこの見学で一番驚いたこととして、「薬剤師として働いている理由をお金のためと誰も言わなかったこと」と感想に書きました。また、「絶対に薬を間違えないこと、薬を無駄にしないこと、常に勉強して調べることなど、患者さんの命に関わっている仕事なので責任が重い仕事だと思いました。また、私のような入院患者を六〇人もの薬剤師がサポートしてくれていたことを知り、たくさんの人にお世話になっていてありがたいと思いました」と綴っています。

ともすると、自分や家族だけで病気と闘っているように思いがちな入院生活ですが、見学を通して医師や看護師はもちろんのこと、直接接することの少ない薬剤師や栄養士、調理員、助手や清掃員、また病院内施設のコンビニエンスストアやレストランの職員、ボランティアなど、病院内の多くの方々が入院・通院患者の病気回復のため、入院・通院生活の不自由さを軽減するためにサポートしてくれていることに気づくことができた機会となりました。このような病院内施設見学は入院児にとっては、病院内にいるからこそ体験し、感じることのできる貴重な経験と言うことができると思います。

〈その他の授業実践例〉

- 病棟で幼児に昔遊びを教える会を開催する
- 病棟でお店屋さん（ごっこ）を開催する（小一・二年生活科）
- 病院内のゴミのゆくえ調べ
- 病院内レストランで職場体験
- 調理を伴う活動（味噌ラーメン対醤油ラーメン対決、和菓子を作る等）
- 病院栄養士による食を学ぶ会
- 郵便局見学
- 新生児室見学

3 医療スタッフ・保護者・見学先との連携

一人ひとりの病状や実態が異なるため、行動制限や一時退院などにより、体験活動を一斉に組むことが難しい場合があります。また、体調や治療のすすみ具合によって、予定が変更になることも頻繁に起こります。

したがって、実施計画は状況の変化に応じて、修正を加えながらつくっていくことになります。

まず、大まかな治療の予定に沿って体験学習までの流れを計画して、第一次実施計画案を作成します。すすめる中で、個々の体調などによる変更点を修正し、全体での活動をどうするのか、個々で行なうことはどうするのかを調整して、第二次実施計画案を作成します。関係者と調整を行なった後に、決定したことは、文書で保護者、師長（病棟スタッフ）に渡し、忙しい業務の中での伝達が確実かつスムーズに行なわれるように努めます。

一般の人と交わる可能性が高い見学場所・体験場所があります（病院内のコンビニ、郵便局、図書館、レストラン、理容・美容院、戸外での散策など）。このような場所での活動を組む際には、事前に保護者、師長、主治医に計画を相談し、治療予定と照らし合わせて日程が実現可能か確認します。また、当日の体調が易感染になる可能性についての情報ももらい、前日、当日の体調についてこまめに連絡を取り、実施（参加）の最終判断は当日の体調によって決定するなど、リスクの少ない実現に向けて医療スタッフと確認しながらすすめる必要があります。

当日の朝、急に参加できないことが決定する子どもが出る場合を想定して、次のようなことをあらかじめ検討・準備しておきます。①予備日を設定して、体験の機会をできる限り保証できるよう努める。②ビデオなどで記録を撮り、どのような活動を行なったかを参加できなかった子どもに見せる。

当日朝の時間がない中、計画変更をすることになりますが、事前にいろいろな事態を想定して本人や保護者に伝えておくことで、教員間の連携もスムーズにできますし、保護者からの協力も得られ、児童生徒の気持ちの切り替えもつけやすくなります。

訪問・見学先には、予定の人数や内容について事前に打ち合わせを行ないますが、その際に、当日朝に不参加者が出る可能性も伝え、入院中の子どもの受け入れについての理解、協力の依頼をしておくことも必要です。

このように、一つの体験学習を実施するためには、子どもを取り巻くさまざまな大人の連携が必要になります。保護者、医師、師長、プライマリーナース〈注1〉、当日の看護スタッフ、訪問先担当者などいろいろな立場の人の協力を得るためには、何を意図してその体験学習が実施されるのかを明確にして、事前にしっかり伝えておくことが重要です。

特に複数の教員で計画をする際には、担当者間で分担を明確にしておくこと、刻々と変わる子どもの体調や治療予定の情報をすみやかに共有すること、状況の変化に対応した変更点をすみやかに関係者に伝えることを共通認識にしてすすめていくことが必要になります。日頃から意思疎通がスムーズにできるような関係づくりが必要不可欠です。

子どもを取り巻く周りの大人が連携・協力することで、子どもが、参加できなかったというストレスを感じることが少しでも減るように、最大限努力したいものです。

④ 病院内の社会的資源を有効活用する

入院生活は、さまざまな制限がありできないことばかりと考えがちになりますが、見方を変えると病院内でしか見られないような環境があることに気づきます。では、そのような病院内の環境を有効に活用して、入院中ならではの経験を積むには、どのようにして協力を得ていけばよいのでしょうか。

Ａ病院の場合、院内に複数のレストラン、コンビニ、コーヒーショップがあり、花屋、郵便局、理容室、図書室が整備されています。また、新生児室や薬剤部、厨房、防災センターやヘリポート、ゴミの分別収集所など、病院ならではの部署や設備も整えられています。建物の外にはＡ大学の広大な敷地が広がっており、生協やコンビニの他、博物館や記念館、保育園、グラウンド、自然豊かな池が徒歩数分のところにあり、構内散策の行き先には事欠かない立地状況です。子どもの希望や入院の状況に応じて見学・訪問先をさまざまに選択できる、たいへん恵まれた環境といえます。

このような環境の中にあっても、体験先として受け入れてくれる部署や施設と継続的に良好な関係を確保しておくことが、子どものニーズに合った活動を行なっていくことにつながります。しかし、相手側のスタッフの入れ替わりなどで受け入れをしてもらえなくなることもあります。その際には、病院内の看護部長や入院棟担当科長（医師）に、活動の趣旨を説明して、受け入れへの口添えを依頼することもあります。特に新規の受け入れ先を探すときには、事前にその施設がどのような状況になっているかを把握し、負担の少ない内容で業務に支障が出ない範囲での協力をお願いするなど、受け入れ先への配慮も考える必要があります。

【新規体験先を開拓するときの手順】

①どのような活動をしたいかを考える

②対象の子どもが参加できる活動かどうかを医療職（主治医、プライマリーナース）に問い合わせる

③新規体験先の部署が、「子どもの見学」を受け入れ可能な施設・部署か、それともまったくそのような受

け入れはできない施設・部署なのかを、その当該部署・施設に問い合わせる。場合によっては看護部長や入院棟担当科長に、病院内部署への受け入れに対する仲介・紹介をお願いする
④協力依頼の文書を持って、病院内の施設を回る
⑤日程、活動内容の調整を行う
⑥体験・見学先との打ち合わせ
⑦事前指導・当日の活動・事後指導（お礼の手紙を書く）

5 まとめをする際のポイント

体験したことを自分のものとしてしっかりと意味づけていくためにも、自分の言葉でまとめ、それに対する評価を得ていくことは、子どもたちが達成感や自己肯定感を育んでいくことに直結する重要な活動と捉えることができます。

総合的な学習の時間として数時間にわたる単元学習を行っている途中で退院時期が来る子どもがいます。また、退院はしていないけれども体調や治療によって欠席することが多くなってしまう子どももいます。このようなことへの対応方法として、特に集団で学習を行っている場合には、単元の最後に評価を行うだけでなく、小さなまとまりの活動時間ごとにまとめ（ふりかえり）を行ないます。また、欠席した時には、その時間にどのような活動が行われたのかを伝えることが、その子どものモチベーションの維持・向上に有効な

配慮となります。

学期末ごとに、総合的な学習の時間で取り組んだ内容について発表する時間を設けているケースもあります。ひとつの発表単位ごとに一〇分から一五分の持ち時間を割り当てて発表し、質疑応答の時間も設けます。発表を聞く対象は、在籍するすべての学年の子どもと教員、発表する子どもの保護者にも声をかけて可能な範囲で参加してもらうようにしています。発表を聞いた後にはアンケートに感想を記入してもらい、それも活用しながら、調べたり体験した内容がどうだったか、まとめ方はどうだったか、発表の態度はどうだったかなどについて、子どもにフィードバックするようにしています。このときも、発表会に参加できない見通しの子どもがいる場合には、事前に発表内容をビデオに撮るなどの配慮を行います。

発表のまとめ方は、個人個人が自由に選択します。聞く対象が小学生低学年から大人までと幅広いので、模造紙にまとめて貼ったり、パワーポイントでプレゼンテーションしたり、写真やビデオを使用したり、また、説明だけでは飽きてしまうからと、クイズ形式にして聞いている人を巻き込んでの発表を行うなどの工夫をします。内容だけではなく、発表をするという経験自体にも大切な意味があるととらえ、発表の仕方についても子どもが主体的に考えていけるように指導します。

（風間ゆかり・特別支援学校指導教諭）

注1：プライマリーナースとは、担当患者の入院から退院までを一貫して担当し、看護責任を負う看護師。プライマリーナースの勤務時間外は、プライマリーナースの立案した看護計画に基づいて他の看護師が看護にあたる。

第3章

6 自立活動

心の安定を図る

子どもたちは、病気や治療によって、体調に波があったり、自己イメージが変化したりすることがあります。したがって、病弱教育においては、医療と教育が連携し、常に子どもの病状や実態を把握して学習を展開させていくことが求められます。このことは、特別支援学校の教育課程の重要な柱である「自立活動」の要素を、子どもの病状や実態に応じてどのように学習の中に組み入れていくのかという課題でもあります。

教員は健康管理に必要な感染予防、栄養、休養、生活リズムなどについて子どもたちと一緒に考えていくようにします。ただ「病気の理解」については、教員にも医療的な知識が必要であり、子どもが医療者から病気や治療方針についてどのような説明を受けているのか、医療者に確認をしなくてはならないこともあります。また、教員よりも知識を持っている子どもたちもいますので、子ども自らが自分の病気を理解していくことを援助するという立場で支援していきましょう。一番重要なことは、子どもの話に耳を傾け、子どもの心のうちのつらい気持ちを「この先生になら話してもいいな」と思える信頼関係を築くことです。

1 自立活動の目標（ねらい）と内容

自立活動の目標は、学習指導要領によると「個々の児童又は生徒が自立を目指し、障害による学習上又は生活上の困難を主体的に改善・克服するために必要な知識、技能、態度及び習慣を養い、もって心身の調和的発達の基盤を培う」とあります。内容は、六区分二七項目ありますが、入院中の病気の子ども、特に慢性疾患をもつ子どもたちが主体的に自己管理する力をつけるために必要な自立活動の内容の例示として、武田鉄郎は（資料1）のように示しています。

（資料1）標準「病弱児の教育」テキスト（二〇一九）より転載

1 病気の理解、生活様式や生活リズムの理解、生活習慣の形成等に関する内容

ア．自己の病気の状態の理解

人体の構造と機能の知識・理解、病状や治療法等に関する知識・理解、感染防止や健康管理に関する知識・理解等

イ．健康状態の維持・改善等に必要な生活様式や生活リズムの理解

安静・静養、栄養・食事制限、運動量の制限等に関する知識・理解

ウ．健康状態の維持・改善等に必要な生活習慣の確立

食事、安静、運動、清潔、服薬等の生活習慣の形成及び定着化

エ．諸活動による健康状態の維持・改善

水泳はじめ各種の身体活動による健康状態の維持・改善

オ．主体的な移行準備

小児科から内科に移行する準備として自分で必要な情報収集ができること、例えば、子ども自身が自分の体調や病気の状態について正しく捉えるとともに、日ごろから体調や病気の状態を記録したり、人に伝えたりするなどの表現方法を身に付けること、病気の状況を自覚し、今の状況で何ができるのか、どの程度できるかを的確に判断する力を身に付けること

2 心理的な安定に関する内容

ア．病気の状態や入院等の環境に基づく情緒の安定に関すること

カウンセリング的活動や各種の心理療法的活動等による不安の軽減、人との関係性を重視した各種の教育的活動（体育的活動、音楽的活動、造形的活動、創作的活動等）による情緒不安定の改善

イ．状況の理解と変化への対応に関すること

安心して参加できる集団構成や活動等の工夫、場所や場面の変化による不安の軽減等

ウ．障害による学習上又は生活上の困難を改善・克服する意欲に関すること

各種の身体活動等による意欲・積極性・忍耐力及び集中力等の向上、各種造形的活動や持続的作業等による成就感の体得と自信の獲得など病気の状態を克服する意欲の向上等

以上（資料1）のような内容をねらいに据えて自立活動に取り組む際には、医療と教育が連携しながら指

導にあたることが大切です。

2 指導形態について

自立活動では基本的には、子ども一人ひとりの実態に即して個別の指導計画を作成することになっていますので、指導形態としては一対一の個別の指導が基本となります。しかし、学習効果や指導の効率を高めるため、病類別のグループ編成による指導、学級単位の指導、抽出指導などさまざまな形態が考えられます。どのような指導形態を選択するかは、子どもの実態、指導内容、教員数などから検討していきます。

3 院内学級における自立活動

病院内にある院内学級では、入院してくる子どもたちの病気や状態、時期がそれぞれ違い、いろいろな状況の子どもたちが同時にいるため、各々に適した自立活動を計画するのは大変です。そこで自立活動の6区分のうちの「心理的な安定」「人間関係の形成」「コミュニケーション」を目標に、日常的に自立活動を行うようにしています。

その際に心がけていることは次の3点です。

①「楽しい院内学級に行きたいから治療も頑張る」と子どもが思える楽しい院内学級をめざし、入院や病気・治療という状況だからこそ、心の安定につながるよう**【楽しいこと】**をたくさんするようにしてい

ます。

②つらい思いやマイナスな感情も受け止め、子ども自身が納得した活動を行うために【子どもの思い】を大切にします。「自分で決めた事は頑張りたい」と言えるようになってほしいと願っているからです。

③「つらいのは自分だけではない」と思え、みんなで応援し合えるような院内学級集団を育てるために、全員スピーチや集団活動などを通して、共に遊んだり学んだりできる【仲間】を意識させるようにします。

そしてそのために必要なのが、次の3つの条件です。

①【ここは安心】と思ってもらうための、信頼できる教員と共感し合える仲間の【存在】

②【ここなら大丈夫】と思える治療以外の世界や、選択や拒否などの自己決定ができる【場】

③【ここでなら頑張れる】と思えるように、気分転換や楽しみ、癒しなどの様々な【経験】

4 ベッドサイドでの自立活動

院内学級では、その日の病状によって教室登校とベッドサイド学習とに分かれます。入院当初はすぐに院内学級に登校できないことも多いので、病室へ教員が赴くことになります。

初めての授業では、教員が自己紹介カードを見せながら自己紹介をした後に、子どもたちにも同じような自己紹介カードを作ってもらうようにしています。人間関係がまだしっかりできていないので無理強いせずに、出来るだけ本人の気持ちに寄り添い安心感が持てるような言葉かけになるよう留意します。またこの自己紹介カードを作っていく中で、本人の得意なことや苦手なことを知り、次への対応の参考にします。

そしてその後はベッド上で本人が好きそうな楽しい活動を、コミュニケーションをとりながら共感的な関係で行っていくことで、教員への信頼感が高まり、心の安定につながっていくように努めることが重要です。
ベッド上でできる活動には次のようなものがあります。

・ゲーム的な活動（マンカラ、ブロックス、オセロ、四目並べなどのボードゲーム類や、メモリーカード、レシピカード、虹色のへび、はげたかのえじきなど様々なカードゲーム類など）
・ものづくり活動（プラ板、アイロンビーズ、工作、手芸、絵画、塗り絵、折り紙など）

教科の時間であっても、体調がすぐれない時には個々の状況に応じて、心理的な安定や意欲の向上を目標に、心や体のつらさを紛らわすようなゲーム的要素を含んだ楽しい活動を取り入れるようにします。カードゲームの中には、かるたなどの言語活動や、数の大小や計算をするような算数に繋がるものなどもあるので、教科学習の発展として意図的に取り入れることもあります。

時には、数か月間ほとんど教科の授業ができない子どももいます。教員が毎日病室に行き、カードゲームや本を読み合う、ごっこ遊びなど、取り組めそうな活動に誘います。精神的な落ち込みや体調の悪さ、登校できない寂しさやつまらなさを癒し、心のエネルギーを高めていくような対応は自立活動の大きな柱です。

5 集団での自立活動

教室登校できた場合は、朝の会やその後に毎日集団での自立活動に取り組むようにします。朝の会でその日の体調を発表し合ったり全員が「三文以上スピーチ」をしたりすることで、子どもたちはお互いの様子を、教師は子どもたちの身体的心理的な安定具合を確認します。

初めて院内学級に入った子どもは、突然の入院や病気に対する不安感を持っていることが多いので、不安を取り除き落ち着けるようにすることを目標に自立活動の内容を考えていきます。

まず朝の会に初参加の時には、自己紹介だけでなく全員紹介や仲間入りのゲームなどを行うことで、院内学級に安心感を持てるように配慮します。そして、朝の会の後には楽しさを目的に、みんなで盛り上がれるような風船バレーボール遊びや、簡単なルールで勝敗よりも自然と友だちと親しくなれるような集団遊びなどを、毎日少しずつ行うことで、「院内学級は【楽しい】ところで、同じように治療をしている【仲間】がいるから自分も【頑張ろう】」と子どもが思えるような環境を設定します。

実践事例1 「あるあるゲーム」

お題に合わせて参加者が順番に思いついたことを言っていくゲームです。人と同じものは言えなかったり、全員が〇回言ったら終わったり、タイムリミットに当たった人が罰ゲームをしたりするなどのやり方があります。このゲームでは、何を言っても大丈夫と思う安心感が得られることが目的ですから、実態に合わせてレベルを考えます。

【レベル1】「教室にあるものは?」→周りを見回せば、見つけられる
【レベル2】「病院にあるものは?」→少し考えれば、見つけられる
→入院が長い子は、新しい子が知らないようなことが言える
【レベル3】「学校にあるものは?」→院内学級にあるものを言う子と、地元校のことを思い出して言う子が出てくる
→教師は、その子の学校に対する思いをその様子から感じ取ることができる
【レベル0】「食べられるものは?」→自分が食べられると言えば、何でもOK
【レベル—1】「好きなものは?」→自分が好きなら、人と同じものを言ってもOK
【スペシャル版】「好きな食べ物は?」→T君が好きな物を言ったら、アウトなので、違う物を言わなくてはならない

特別な支援を要するT君が大事にされていることに子どもたちが感じとり、さらに、一人ひとりに応じた関わり方が大切だということにも子どもたちが気づけるようにというねらいもあって、このようなスペシャル版ルールを考えました。

実践事例2　朝の会の体調観察やスピーチ、日常会話で

朝の体調観察やスピーチなどでは、子どもが自分の内面を、ネガティブな感情も含めて表出できるように

教員は言葉をかけます。
A「採血の注射を失敗されてすごく痛かった!」
教師「何回?」A「1回」
教師「BちゃんやCちゃんの最高回数は?」B「私なんか3回」C「7回やられた」
教師「平気だったの?」B「もう慣れちゃった」C「頭に来て怒った!」A「1回だったけど、泣いちゃった」
教師「そうだよね。1回だって痛いものね」

「みんなも同じ経験をしている」「泣いてもいい」等の友だちの発言からストレスの対処法を学びます。普段からお互いの入院経験を言い合える雰囲気や良好な人間関係を作っていくことは、自立活動を行っていくために不可欠なことだと言えます。

実践事例3　「トークゲーム」
質問カードによるトークゲーム(トーキングゲーム・こころかるたなど)では、通常は「黙って聞く」「パスは○回まで」と決められていることが多いですが、その時々の子どもたちの実態に応じた院内学級ルールを設定するようにします。
ルールの例
・黙っていられずしゃべりたい人がいれば順番に聞いてあげるようにする。
・カードを上から取るのではなく、好きなカードを自分で引くようにする。

・カード交換やパス、質問や代わりに答えてもらうなどは、参加者に確認をとってOKとすることで、ルール違反になるようなルールは作らないようにする。

ここ（院内学級）は安心な場だから、自分の正直な気持ちを言っても大丈夫だと思って活動できることが大切ですので、質問カードの内容は実態に合わせて選択をしておくようにします。また始める前に時間や枚数の制限を決めておくなど、参加者のソーシャルスキルに応じたルールを設定することでルールを守って行うことができ、トークの内容に集中することができます。それぞれの答えた内容によって、お互いの理解が深まるようになり、病気受容や他者との関わり方を学ぶことができます。

さらに体や心がつらかったり単調な入院生活に慣れてきたりした時には、出来るだけ教員や友だちとの関わりを持つゲームやお楽しみ会などをすることで、気分転換ができ、ストレスを紛らわす時間を持つことができます。小集団であってもソーシャルスキルが学び合える仲間の存在を大切にし、子どもたち自身が自ら成長し自己肯定感を育めるような自立活動を行っていくことが大切です。

また退院近くなったら、退院後への不安に寄り添い、解決の方法を一緒に考えていくことが、復学後の前向きな気持ちへの支援となります。

ここではゲーム性のあるものだけでなく、それまでの入院生活を振り返ったりネガティブな感情を表出したりするような作文や詩、ポジティブな思考へつながりやすいハッピー日記などを教員が提示し、子どもが自分自身の内面について目を向けて考えるきっかけになるよう心がけます。

院内学級紹介文などは国語の教材にリンクさせることもできます。子どもたちは作文と言うと嫌がりますが、紹介文なら書きやすいようです。長期入院児には入院した記録を残すことの重要性を伝え、どんな経過だったかを書く入院記録文にも取り組むことで、最高Ｂ４用紙一六枚も書いた子どももいました（もちろん、どうしても今思い出すことがつらすぎるような状況下での取り組みにはならないように留意します）。

様々な子どもの病状や時期に応じて、子どもの心に寄り添いながら行うこれらのような自立活動の取り組みが、子どもの心の安定と意欲の向上につながっていってほしいと願っています。

（砂澤敦子・小学校〈病院内学級〉教諭）

〈資料〉

・日本育療学会（二〇一九）『標準「病弱児の教育」テキスト』ジアース教育新社

第3章

7 課外活動

子どもと子どもをつなぐ

病弱教育の現場では、治療などの関係による学習空白、地元校の学習内容や進度の違い、また、一人ひとりの実態と課題の違いなどの理由から、同じ学年でも個々に応じて授業内容を変える必要が出てくることがあります。一時間一時間を大切に、生徒自身が学びの楽しさや喜びを味わえる授業づくりを心がけるのはもちろんのことですが、必要に応じて課外授業の設定などで生徒のニーズに応えることも大切な視点ではないでしょうか。また、クラブ活動、部活動などの課外活動では、集団の取り組みが中心になります。集団ならではの良さを活かした活動を展開したいものです。

ここでは、まず放課後を利用した課外活動や課外授業での生徒との関わりの実際を紹介します。次に、部活動を通した子ども同士のつながりを当事者の声も紹介しながら述べていきたいと思います。

1 課外活動（放課後）の関わりから安心感がうまれる

本章第２節でも紹介した信也君と出会ったのは、彼が中学一年の冬でした。彼は、秋に視力低下や吐き気に襲われ、年末に入院となりました。信也君は初めて病院の中の教室に来たとき、緊張した面持ちで静かに座っていました。シャイでおとなしい性格に加え、初日という緊張感からふだん以上に声も小さく言葉数も少なかったようです。また誰しも、すでに人間関係ができている空間に後から入っていくのは抵抗があるものです。さらに彼の場合は、みんなの様子が見えづらいことから、その場の雰囲気に溶け込みにくかったかもしれません。

そんな彼との関わりが深まり信頼関係が結ばれていくきっかけとなったのは、放課後の課外活動でした。春、同じ病室で仲良くなった高校生が放課後に教室で過ごす姿を見て、信也君も（自分も放課後行ってみよう）と教室に来てくれました。目が不自由でもできる指先を使ったパズルやのんびりと好きなことを話したりして時間を過ごしました。構えることなく、ありのままの自分でも大丈夫という安心感をそうした関わりの中で感じ取ってくれたようです。その翌日、「最近楽しかったことって何？」と聞くと、「昨日の夜」と即答が返ってきました。それからというもの、入院中はほぼ毎日、放課後は教室で過ごすようになっていきました。

授業時間内では、限られた時間にすすめるべき学習もあり、じっくりと話す余裕はなかなかもてません。しかし、放課後であれば、彼のペースで時間を気にせずに関わることができます。自ら積極的に人と関わるタイプではない彼と、じっくりと向き合うことができたのは「放課後があればこそ」と感じています。

2 課外授業で学習を深める

病院内教育の一つの役割として、学習空白を補うことがあげられます。ただ、治療による体調の不安定さに加え、病気になったことで生じる不安感など、精神的にもつらい状況の中、なかなか学習に対して気持ちが向かわない状況にある子どもも少なくありません。たとえ学習したいという気持ちになったとしても、治療の副作用などから思うように学習をすすめられず、ますます焦りを募らせてしまう場合もあります。訪問学級では、時間も限られており、授業時間に検査などが重なってしまうと、その代替えの時間の保障もなかなかできません。

こうした現状の中、生徒のニーズに応えるために、夏期休業中を利用して、中高生向けの課外授業を設定しました。課外授業といっても時間割があるわけではなく、教員が対応できる時間を一覧表にして生徒に渡し、希望があれば各々やりたい教科の先生に申し出るという方法です。「やらなければならない」ではなく、あくまで生徒の自主性に応じた設定です。

二学期からの復学を前にした高校生は、これまでの遅れを取り戻そうと毎日のように学習に励みました。そして、復学後は入院前よりも成績が上がり希望する進路へとすすむことができました。

がんばれないときは、それでいいというメッセージを伝え、安心感を与えたいと思います。そして、がんばりたいときには、最大限の応援ができる場と人を保障したいと強く思います。

3 子どもと子どもをつなぐ

教室に一人だけだった小学生の和広君。先生と二人で朝の会をしているときは、治療による体調の悪さから「今日は勉強は無理～」と浮かない表情でした。しかし、そこに茂美さんが遅れてきて三人で一緒にカードゲームが始まると途端に元気になって笑顔が見られました。子どもにとって、一緒に遊ぶ友だちの存在は、何よりの心のエネルギーになるのですね。

中学生と高校生は、週に一度ホームルームの時間を一緒に活動しています。全員でカードゲームやクイズ大会などをして過ごします。年齢や学年を越えて、みんな（教員も含めて）でゲームを楽しんでいます。単に楽しむことだけが目的なのではありません。ゲームを通して、子ども同士の交流を深めることがとても大事だと意識して取り組んでいます。

入院治療をしていたある高校生の言葉です。「たとえ、同じ年くらいの奴と同じ病室になったとしても、絶対に口をきいたりしないよ。（病院の中の）学校で話して仲良くなって、それではじめて病室とか食堂でも話すようになったんだよ」

もちろん、全員がそうだというわけではありません。しかし、現実にこうした生徒がいることも事実です。子ども同士をつなぐ場としての役割も病院内教育には確かにあるのだと強く思わされます。

4 部活動にやりがいを見つける

課外活動の一つに「部活動」がありますが、病弱教育の現場ではどれほど実践されているのでしょう。治療や体調などの関係で、通常の授業時間の確保も困難な中、果たして部活動ができるのか、また、病気の子どもたちに部活動を行うことは無理があるのではないかなどと思う方もいるかもしれません。また、環境的に困難な場合もあるでしょう（訪問学級で時間がとれない、病棟と教室が離れていて放課後に通ってくるのは困難など）。しかし、病気で入院したために今までの生活を失った子どもたちに、「失った生活を補う」のではなく、「新たな生活を豊かなものにする」という発想のもと、部活動をはじめとした課外活動の充実を図ることは病院内教育に求められることだと思います。

小児病棟の中に教室があるところでは、その環境的な利点を活かし、授業が終わった午後四時以降に教室を開放して「部活動（中高生対象）」を実施しているケースがあります。そこでの実践を紹介します。

軽音楽部は元々音楽の授業で取り組んでいたものが発展し、生徒たちからの強い要望で発足しました。当初は、教員が指導にあたっていましたが、現在はボランティアの指導者が来てくださっています。

運動に大きな制限ができてしまった子どもたちにとって、エレキギターやドラムなどのバンド活動は、自分の力で取り組め、また友だちとの協力によって音楽を生み出す連帯感や達成感を味わえる活動となっています。今までまったく音楽に興味がなかった子どもも、そこに来て初めて音楽の魅力に出会い〝はまって〟いく姿が多く見られます。（今までできていたことができなくなった）（やることがなくてヒマ）（みんながやっているからやってみようかな）など、さまざまな理由で触れたこともなかったギターを手にする子どもたち。同じ闘病生活を送る友だちとともに〝音楽〟を媒介に過ごす時間はしだいにかけがえのないものになっていくようです。（治療がつらくて勉強ができない）（しんどいから見てるだけ）…そんな状態のときでも友だちと一緒にギターに触れているうちにだんだん元気になっていく姿も見られます。

病院での生活の中にこうした〝燃えられるもの〟が見つかることで、治療にも前向きに取り組み、勉強にも打ち込み、まさに生きるエネルギーが高まっていくように感じます。

5 当事者の声に学ぶ――やっと心の底から笑えるようになった

きびしい闘病生活の中でも…、いや、きびしい生活だからこそ部活動に打ち込む子どもたちの姿を通して、私は病気治療を行っている子どもたちにとって、課外活動がいかに有意義なものであるかということを教えられました。

では、課外活動を実際に経験した生徒の声を紹介します。病院内の学校で過ごした高校生が地元校での卒業論文に自らの体験を綴ったものです。一部を要約して紹介します。

治療中の心理状況は、ただ淡々と治療をこなすという治療への「義務感」と、心底ではなぜこんなことをしているのだろうという「虚無感」、そして普通の生活を送れている同級生に対する「嫉妬」があった。

しかし、そうした心理状況を変える一つのモチベーションとして軽音楽部での音楽活動というものがあった。私は今まで音楽というジャンルにまったく興味がなく、病院内の学校に来て初めての挑戦であったが、音楽活動は新しい楽しみだけでなく、多くのことをもたらしてくれた。

部活動のメンバーと仲良くなったことで、病気になってからずっと一人で閉じこもっていた私が、やっと心の底から笑えるまでに持ちなおした。…

学校行事で軽音部は部活発表として、何曲か観客の前で演奏する。部活発表の時は、決して体調が万全ではなかったり、治療中で点滴がつながっているというベストな状態で望めないことも多い。しかし、みんなで味わうそうした普通では考えられない中での達成感は、普通の達成感とは一味違うものである。そして、そうしたつらい中で共に過ごしたメンバーとは、一生の付き合いになる。あるメンバーで活動した女の子は、「あのメンバーだからこそ頑張れた」と言っている。それほど、辛苦を共にしたメンバーの絆は深いものとなっている。こうした部活発表をする機会があることで、治療がつらい時もあるが、充実感・達成感という目標に向けて、放課後の練習に一つのやりがいが生まれる。

仲間との出会いとつながり…「子どもと子どもをつなぐ」ことは病院内教育の大きな役割の一つであることを教えられます。

さらに、子ども同士のつながりは、学年や学部の枠組みを超えて広がりをみせます。

年齢など関係なく小学生から高校生まで、みんな同じ立場で意見を述べたり、また行動を共にするようになる。治療中は、お互い頑張っている姿を見て鼓舞し合っていたため、体調が比較的悪くても、精神力でもちこたえていた。たとえば、年上は年下が頑張っている姿を見て負けじと体調が悪くても弱っている姿を見せないように努めたり、また年下は年上のダウンしない姿を見て必死にそれについて行こうとする。しかし、やはり体調がとても悪い時もあるので、そういう時はお互いの様子を見て気遣うといった配慮もあった。

異年齢集団だからこそ、たとえば、小学生は高校生に憧れの心を抱き、高校生は小学生を思いやる心を抱くのです。また、同年齢同士で励まし合う姿もあります。同じつらさを共有していればこその共感関係が生まれていきます。

6 自分の病気に向き合う

自分の病気を知ったとき、ある子どもは「なぜ自分なのか」という怒りと絶望感に包まれたと言います。頭の中が真っ白になり記憶がないという子どももいます。「うそだ！　何かの間違いだ！」と認められなかったという子も。みんな大きなショックを受け、事実を受けとめられず否認したり、否定できない現実の前に混乱もします。

「病気になった自分を許せない」と言う子。「誰が悪いわけでもない。生まれる前からこうなるように決まっていた」と一生懸命思い込もうとする子。誰もが病気になった自分との間に折り合いをつけようと必死に生きていきます。そうしたとき、自分と同じ病気の友だちとのつながりが支えとなる場合があります。部活動を通して、自分と同じ境遇の友だちと出会ったことを以下のように綴っています。

活動を通じて同じ病気の友人とつながることもある。そこでつながった友人と同じ病気の当事者だからこそ、わかりあえる情報を交換することでお互いの安心感にもつながり、また自分の体験していない情報は自分の中で整理し、ある程度対策を考えることができる。そうした存在がお互いいることで、入院中の精神状態も大分楽になる。

同じ病気の場合、年齢ではなく、先に治療がすすんでいる友だちを見て、見通しがもてたり、話を聞いて安心できることもあります。高校生男子が同じ病気で先に入院していた中学生女子に心から感謝し、敬意を払う姿も見られました。

また教室では、時に子どもたちだけで、病気の話をしている場面を見かけることもあります。高校生の男女（どちらも骨肉腫、人工関節を入れる手術後）二人の会話です。

「俺ら、いつ切断するんだろうね」

「いや、人工関節で感染症にならなくて、支障がなければ切断しなくていいんじゃない」

「そうか…。でも、機能の悪い人工関節と機能のいい義足、どっちがいいんだろうって考えるんだよね～」

ここには、親とも、医療者とも、教員とも、地元の学校の友だちとも分かち合えない「痛み」があります。否応なしに背負わされた病気と、きびしい闘いを強いられている子どもたちにとって、

「病気になっちゃったの、何で私だったんだろう…って思っちゃうよね」

「俺たち運が悪かったよね」

「この薬、気分悪くなるよね」

「髪の毛、抜け始めるとシャンプーしたくないよね」

などと言い合える友だちの存在は、何にも代え難い大切なものです。きびしい試練と闘わなければならないとき、そのつらさを共有できる仲間の存在は、大きな支えになるからです。

治療中だけではありません。治療を終え、一緒に病気と闘った仲間たちもそれぞれの地元に戻っていくわけですが、戻った場所で新たな困難（夏場のウイッグが暑い、体育の時間にウイッグが取れそう、入院している間にクラスの人間関係が変化していた、発病前にやっていたスポーツができないなど）にぶつかったと

きにも、「あの時の仲間もみんな、それぞれの場所で、同じような局面を乗り切って頑張っている。一人ではない」と思えることが、治療後の生活でまた新たな居場所や自分自身を築いていく力にもなるのではないでしょうか。

病弱教育の現場には、心の中のつらい部分、傷になっている部分にお互いにそっと手を当て合える仲間になっていける場所であるという大切な役割があります。

病弱教育における部活動には、普通教育のそれに加え、こうした子ども同士をつなぐ大切な役割もあるのです。また、医療の進歩に伴い、入院の短期化、断続化がすすむ昨今、授業中に全員がそろう機会が少なくなっている現状の中、部活動をモチベーションに一時退院中でも自宅から通ってきたり、体調が悪い中でも教室に顔を出したりと仲間同士が同じ場と時間を共有する貴重な場にもなっているということも付け加えておきたいと思います。

（佐藤比呂二・特別支援学校教諭／鷲山環姫・元特別支援学校教諭）

第4章 就学前の子どもの保育・教育

1 入院中の乳幼児に保育の機会を

乳幼児期の養育環境はその後の成長発達の上で大きな影響を及ぼします。特に就学前の子どもにとっての家族や遊び仲間の存在があり、その中で遊びに集中することは、非常に重要なことです。しかし病気での入院により、元気であれば当たり前のように行われていた家庭生活や幼稚園・保育園での集団生活が、断ち切られてしまいます。子どもたちが少しでも病気の苦痛や緊張を忘れ、心からの笑顔を取り戻せるような支援が必要になります。そのような安心できる環境とそれぞれの発達に見合った支援が必要になります。

2 多様な支援者のつながりで

就学前の子どもの支援を考える際、親というコアを認識しつつ、医師・看護師、保育士、チャイルドライフスペシャリスト（以下、ＣＬＳと記す）、臨床心理士、教員、ボランティア、地元の保育園・幼稚園、福祉など多様な立場の人や組織がつながり、親子を支援するシステムをつくっていくことが必要です。

昨今、医療保育士やＣＬＳ、臨床心理士を導入している病院も増えてきました。病弱教育では義務教育段階でない子どもの教育（保育）を、幼稚部や教育相談という形で行っているという実績があります。また病院によってはボランティアの活動も行われています。しかし、現在両親の多くが働いているという家庭状況もあり、入院中の乳幼児の支援としてはまだまだ不十分であり課題が多い状況です。

それぞれの支援資源（人的・物質的環境など）が不十分な中、違う立場の支援者が「つながっていく」ことが、支援のエアポケットの解消や、支援の適切な質の保障につながっていくのです。支援資源の改善を求めつつも、私たちはできるところから始めていかざるを得ない状況といえます。

本章では、就学前の子どもたちに行われている実際の支援（学校からの支援、病棟保育士による支援、ボランティアによる支援）の事例を紹介しながら、保育・教育の重要性を確認し、その実施にあたってのポイントを示していきたいと思います。

第4章

1 学校からの支援

① 「幼稚部」と「教育相談活動」の支援

「学校」という教育機関からの支援には、形式的には二通りあります。一つは「幼稚部」での支援です。病弱特別支援学校で幼稚部を設置しているのは、宮崎県立赤江まつばら特別支援学校のみです。もう一つは「教育相談活動」としての支援です。支援を行っている学校は、全国的に多いとは言い難いのですが、関係者の努力によって長年実施している学校もあります。活動内容は、親や医療スタッフに対する「保育・就学相談活動」のみにとどまらず、幼児に対して「集団活動」を行うなど、実際に保育・教育活動を実施しているところもあります。

② 病院の中の学校による就学前支援の効果と課題

このように子どもに対して集団活動を行うこと、保護者に対しての相談活動を行うことは、子ども、保護者、教員、それぞれの立場にとってどのような意義があるのでしょうか。

子どもにとっては、「学校」「集団」ということを意識し、その中で活動することによって「自分も勉強する」「友だちとわかりあう」「わかりあえないけど、ある程度で折り合いをつける」などと、内面的に成長していく機会となります。また子どもは日中の遊びに満足すると、夜の寝つきもよくなるなど生活面にもよい影響が出てきます。活動の時間を楽しみすることで生活のリズムができるということは、とても好ましいことです。またそれが、「治療もがんばる」という意欲につながっていく場合もあります。

保護者は、子どもが求めている「痛いことをしない人がいることの安心感」が子どもに提供されていることを、こうした活動の中で感じることができます。またこの集団活動が、保護者の気分転換や他の保護者との会話のきっかけになることがあります。

教員は、集団活動の際にＮＰＯやボランティアの方に入ってもらいながら活動を広げたりする中で、幼児期の吸収力の強さや学びたい、成長したいという子ども本来の姿を実感すると共に、集団生活の経験不足や障害による発達上の課題にも気づくことができます。そのような課題の克服に向けた手立てを、子どもと関わる中で見出していくことが大切です。保護者と話し合いながら共通理解し、子育てを支援していくことが求められます。例えば、網膜芽腫のお子さんのために盲学校の教育相談の先生との時間を設定したり、「何でも相談会」を設定した事例もあります。就学を控えた時期に入院をしている幼児と保護者にとっては必要不可欠な支援ではないでしょうか。

（足立カヨ子・元特別支援学校教諭）

第4章

2 病棟保育士による支援

病棟保育士による保育の目標とはどのようにあるべきでしょうか。保育所保育指針には「子どもが現在をもっともよりよく生き、望ましい未来を作り出す力を培うこと」と示されています。このような目標を見据えながら、病棟保育士は一人ひとりの子どもの育ちをていねいに支援していく必要があると考えます。

現在のところ、遊びや学習、生活における支援を一人ひとりの子どもに見合った形で行っていくための、人的・物的な支援資源は決して十分ではありません。しかし近年、病棟に保育士を配属する動きが少しずつすすめられています。二〇〇二年に診療報酬が改訂され、小児入院管理料に保育士加算（一日八〇点）が加わりました。二〇〇六年には一日一〇〇点に改訂され、さらに二〇一一年の改訂で今まで除外された特定機能病院でも加算されることとなり、保育士の配置が加速してきました。

またここ数年、ＣＬＳ・ホスピタルプレイスペシャリスト（以下ＨＰＳ）などを導入する動きもあり、保育士とＣＬＳ・ＨＰＳ共に配置されている病棟もあります。医師や看護師などの医療職だけではないチームでの協働によるトータルケアが重要となってきています。

本節では、入院中の子どもたちへの保育の目的や病棟保育士の役割、実際の活動、院内学級との協働、今後の課題について述べます。

1 病棟における保育

(1) 保育士の所属

保育士の所属はほとんどが看護部の所属となっています。近年、臨床心理士などと一緒に支援室に所属する場合や、複数名の保育士が配置されている場合は保育部門として独立しているところもあります。

(2) 保育の対象

保育の対象は、一般的には〇《ゼロ》～一五歳までの入院治療を必要とする子どもたちですが、一五歳を過ぎて成人の診療科へ移行できない場合も対象となることがあります。また一般病床のほか、重症室、無菌室、隔離室、PICU（精神病集中治療室）やNICU（新生児集中治療室）における子どもたちも保育の対象となってきています。

(3) 保育士による活動の目的

日本医療保育学会では、医療保育の目的を「医療を要する子どもとその家族を対象として、子どもを医療の主体と捉え、専門的な保育を通じて、本人と家族のQOLの向上を目指すこと」とし、医療保育士の役割を「子どもに保育を提供し、保護者に保育に関する指導を行なうこと」と定義しています。その具体的な活動目的の柱として次の四つがあげられます。①心身の安定をはかる、②生活を整える、③発達支援、④家族支援。

(4) 具体的な活動内容と保育士の役割

一日の活動例を表1（118頁）に示します。

① 心身の安定をはかる

このような流れの中で、保育士はまずは「子どもの視線に立って、子どもの立場で考える」姿勢が求められ、さらに、子どもにとって「痛いことをしない」「子どもと一緒に悩み考える」立場であり、「毎日、継続して見守ってくれる安心できる存在」とならなければなりません。子どもは病気や治療そのもののみならず、家族や学校などのそれまでに親しんできた社会から離れることによる不安や寂しさ、ストレスを抱えています。まずはそこを支える支援者としての保育士の役割が大切です。

必要に応じて「子どもの代弁者」となり、医療スタッフや家族に子どもの気持ちを伝えていきます。学童期の子どもの場合は、子どもの発達過程を見据えながら、「代弁者」ではなく、子ども自身が相手に自分の思いを伝えることができるように支援することもあります。知らない大人が大勢いる慣れない環境、母子分離不安、治療や処置による恐怖や不安があることなどからも、安心感をもてる人間関係や環境づくりは欠かせません。

② **生活を整える**

入院中は、治療や検査、処置などが中心の生活となって、生活リズムが狂いやすくなりがちです。そこで大半の病棟では、子どもの日課表が作成されています。保育士は日課表を活用して、その子どもの年齢や発達の過程に応じた生活リズムで過ごせるように支援しています。学童期の子どもの場合では、子ども自身が検査や処置、治療などを加味しながら一日の生活に見通しを立てることができるように支援する場合もあります。

【事例１】一歳二か月

家庭では午前中に午睡をするため、昼食が一三時頃であった。病棟の昼食は一一時半頃で、寝ているのを起こして昼食となっていたため、食事がすすまないことが多かった。そこで保育士が午睡をさせてから一三時頃に昼食を食べさせることを提案して実施したところ、きちんと覚醒した状態で食事に臨むことができ、よく食べるようになった。

また、入院生活ができるかぎり日常に近い状態に近づくように努めるとともに、安全面への配慮も欠かせません。各年齢で起こり得る事故や治療の副作用などを想定し、病室や各自のベッドサイドおよび廊下やプレイルームなどの環境整備を行います。

（表1）子どもの日課と保育士の1日の業務

時間	子ども達の日課	保育士の業務	内容・配慮事項
7：30 （早番）	朝食	食事の準備	・コンビラック・テーブル・イス・おしぼりの準備。 ※食待ち、食止め（注1）アレルギーや食前の内服鋭気などの確認
	歯磨き	食事の配膳および介助 食後のケア・下膳・後片付け 申し送り（全体・各チーム） チームカンファレンス	・年齢や発達状況、病状などに応じて介助する。歯磨きの誘導。仕上げをするなど。 ・食事摂取量のチェック・テーブル、イスの片づけ ・本日の保育のポイント（どのような保育をするかやスケジュール）を伝える。
	環境整備	環境整備	・子どもの状態（安静度・検査・発熱など）集団遊びへの参加を確認。 ・保育士同士の情報交換。 ・ベッド上・床頭台の片づけを発達に応じて行う。 ※学童が主体となって、ベッド上・床頭台の片づけを促す。
	学校準備 ＊登校	学校準備 登校（申し送り病棟⇒学校）	
9：05 9：40	清潔ケア・入浴処置	個別保育 保育準備	・登校生の着替えを促す。 ・学校へ子どもを送っていく。必要に応じて看護師も同行。
	集団遊び	プレイルームへの誘導 設定保育	・集団遊びに参加できない子どもの保育を実施する。 ・遊具の準備・イスやテーブルなどの配置。 ・看護師と共におむつ交換・トイレ誘導。 ・その日の子どもの参加人数・年齢・病状、心の状態に応じた遊びを提供する。 ※子どもの参加人数・病状により保育中に危険が予測される場合は、看護師に保育参加を依頼する。

		重症児のベッドサイド保育	・重症児のベッドサイドでの保育を実施する。
11：20	昼食準備	昼食準備	・オムツ交換・トイレ誘導。保育の片付け・イス、テーブル、コンビラック・おしぼりの準備。 ・食待ち・食止めの確認。食事を促し、必要に応じて介助する。
	昼食	昼食の配膳および介助	
	下校	下校	・学校での子どもの様子を教員に聞く。
11：50	歯磨き	食後のケア	・歯磨きの誘導、介助。食事摂取量のチェック、テーブル・イス・ラックなどの片付け
	午睡・安静時間	下膳・後片付け	・声かけをする。
13：00	学校準備	学校準備	
13：10	登校	登校	・学校へ子どもを送っていく
14：00	学習時間	学習時間	・学童をプレイルームに集め、学習を行う。後半15～20分子ども達が楽しめる遊びを実施する。
		午前中に保育できなかった子どもの保育	・ベッドサイド保育を実施する。
	下校	下校（申し送り学校⇒病棟）	・学校での子どもの様子を教員に聞く。 ・学校との連絡ノートを教員から受け取り、子どもたちの様子を聞き、各チームリーダーに申し送る。
15：00	おやつ	おやつの配膳・介助	・おやつを各自に配膳し、必要に応じて介助。
		保育遊具の片付け	・保育遊具の片づけ
		保育記録・計画の立案修正	・記録・保育計画の立案・評価修正を看護師と行う。 ・家族へ、日中の様子を伝える。家族との話の中で得られた情報は看護師にも報告する。
17：00		勤務終了	

〈注1〉「食待ち」は、検査等の都合で食べられないこと。検査等が終われば食べられる。「食止め」は、検査や手術の都合で食べられず、終了後も食べられる状態に回復するまでの一定期間食べられないこと。

③ 発達支援

疾患や検査・処置に起因する配慮点、治療による副作用などを常に念頭に置きながら、遊びを通した発達支援を行なっています。子どもにとっての遊びは生活そのものであり、遊びの体験は人として成長していくための大切な要素がとても多く含まれています。日々の遊びは子どもが成長していく上で欠かせないものといえます。よって入院中であっても、毎日の生活の中に遊びを保障していかなければなりません。遊びを提供するにあたり、「日常性を取り戻せる楽しい内容」「受動的なものから能動的なものへ」「遊びの多彩さ」「気分転換や季節感を感じることができる内容」を意識し、日常の遊び活動および行事の企画・運営も行っています。

また子どもの発達の促進には、適正な規模の子ども集団が有用な場合があります。そのため、子どもの病状などに応じながら、設定遊びの時間を設けて異年齢の集団保育も立案・実施しています。

一方、障がいや過大なストレスなどにより個別の支援が必要な場合や、個別に発達支援が必要な場合、病状により集団で遊べない場合などは、ベッドサイドなどでの保育も実施しています。

【事例2】六か月

先天性胆道閉鎖症で生体部分肝移植をするために転院してきました。発達は4～5か月程度。粗大運動や食事の面で緩やかな遅れが見られました。黄疸が強く、不機嫌なことが多く、人見知りはないが、声をかけると笑顔が見られました。術前に寝返りができることを目標に発達の支援を行いました。保育を行ってみると、手遊び歌や絵本、おもちゃなどに笑顔が見られず興味を示しませんでした。手遊び歌の時に児の体を触るなどスキンシップを多くとることで笑顔が見られるようになりました。絵本やおもちゃで繰り返し遊ぶことで興味を示しはじめ、自ら手を伸ばすようになりました。寝返りの練習をすると泣いていました。興味を示したおもちゃを使って寝返りの練習を始めました。保育士が手を添えて寝返りできるように介助したりおもちゃで誘導することで寝返りができるようになりました。母親は「発達のことは気になっていたが、入院中なのでどうかかわってよいかわからなかった」「できることが増えるっていいですね」と笑顔で話してくれました。

また学童期の子どもたちに対しては、入院生活においても学習時間が設けられていることがあります。入院中の学習には、①学習の継続による学力の維持・向上、②クラスのみんなと同じことをしているという安心感・所属感、③自分にもできることがあるという自信や肯定観、④学習の予定があることによる入院生活の見通しやメリハリなどの意義があります。それは、早く学校に戻りたいという気持ちの芽生えにつながり、闘病意欲にもつながります。

【事例３】中一

病棟での学習時間に院内学級からの宿題を始めたが、他の子どもも交えて入院前の部活動の話になる。「苦手な友だちと同じ部活になってしまい、朝練のために登校も一緒で、それがストレスの原因になっていたこと」「病気になって退院してからは部活に参加できなくなるので実はほっとしていること」「友だちとグループで行動していたが、本当は一人で行動する方が気をつかわなくて気持ちが楽なこと」など日頃、家族や友だちに言えないことをこの時間に話してきた。

この事例に限らず、子どもたちは学習時間に不安や悩みを話してくることが多いです。教科書を開いたり学校の宿題をやっていると、入院前の学校のことが思い出されるようです。子どもたちの不安は、「家庭や学校から切り離されてしまったこと」「自分が入院している間の友だち関係のこと」「病気のことが学校ではどのように友だちに伝わっているのか」「友だちが病気のことをどう受けとめているのか」など、病気や治療についての直接的な不安のみではありません。保育士が、子どもの意思を確認し、医療スタッフや家族に伝えたり、地元の学校へ家族から伝えてもらえるように働きかけることもあります。

④家族支援

家族にとって保育士は、医師や看護師と違い治療には直接参加しないため、不安や心配事などを話しやすい存在となることが多くあります。家族の思いを傾聴するのが保育士の基本姿勢です。そして必要な場合には、医師や看護師に情報提供をしたり、家族が直接医師や看護師に思いを伝えられるように支援していきます。また医療職以外の他の立場の支援者へのつなぎ役としての役割も求められてきています。

2 学校との連携

(1) 院内学級などが設置されていない場合

入院中の子どもが地元の学校への所属感がもてるように支援する必要があります。そのために、地元の学校が使用している課題やプリントなどの教材をもらうことや、担任や友だちとのつながりが保たれるように、学校と定期的に連絡をとるようにします。

(2) 院内学級などが設置されている場合

保育士が病棟と院内学級の調整役になっている病院もあります。保育士の院内学級に関係する業務としては、①子どもの治療計画を鑑みながら転学の必要性について医師や看護師と話し合う、②就学相談の日程調整、③子どもたちの送迎と申し送り（病棟⇕学校）④病棟と学校の話し合いに参加して、病棟の行事予定や子どもの様子を伝える、⑤転学支援相談会に参加して子どもの様子を地元校に伝えるなどです。

医療職とのカンファレンスなどで話し合われたことや病棟での子どもの様子、子ども自身から聞いた病気に対する思いや心配事などを担任に伝えたり、学校と協力しながら子どもへの支援をすすめます。

(3) 院内学級への期待

ある病院の院内学級では、学校行事やイベントに、院内学級には在籍していない入院児も参加させてくれています。単調な入院生活を送っている子どもたちには楽しいひとときとなります。

病棟で生活を送っている子どもたちにとって、学校は唯一、外の環境になります。刺激の少ない病棟の中で、子どもたちが外に出て日常に近い生活を送ることはたいへん重要です。また、学校の先生だからこそ子どもたちが聞いてほしいことや話したいことがあります。十分に子どもの思いを聞いてほしいと思います。

学籍の問題で、院内学級に転学しない子どもたちも病棟には大勢います。保育士は学習時間の設定はできますが、直接学習に関与できないことも多々あります。院内学級に在籍していない子どもたちへの学習支援の保障・充実に向けて、今後も協力をはかっていきたいものです。

ここ数年で、長期入院中の高校生に対しても学習支援が行われるようになりました（高校生への支援についてはＰａｒｔ３第１章第２節に詳述）。院内学級、地元の学校も含めた様々な立場の支援者が、子どもを中心に据えてつながることが必要であり、病棟保育士もその一員として位置づくことが大切です。

3 今後の課題

病棟への保育士の配置は少しずつすすんではいますが、まだ一名しか配置されていない病棟が多く、十分な活動ができるだけの配置がなされていません。また、病棟保育士の役割や専門性が広く認識されているとはいえず、それゆえに専門性が発揮しにくい現状があります。ＣＬＳやＨＰＳといった専門職も配置される中で、保育士の役割の明確化や他職種との役割分担や協働のあり方について考えていかなければなりません。

医療の中での保育の質の向上に向けて、自己研鑽に励み、保育を行うことで子どもたちにどのようなよい影響が生じたかなどの保育効果を省察して、医療チームに伝えていくことも重要となってきます。

（中村崇江・自治医科大学とちぎ子ども医療センター主任保育士）

第4章

3 ボランティアによる遊び・家族支援

1 子どもにとって遊びとは

小児病棟で直接子どもと関わるボランティアの中に、子どもとの遊びのボランティアがあります。ボランティアは、家族でもなく、医療者でもなく、「時々吹く外からの風」となり、単調になりやすい入院生活に、いつもと違う時間、空間、仲間を届ける役割があると考えられます。小児病棟の子どもたちにとって、ボランティアによる遊びはどのような意義があるのでしょうか。「遊びは子どもの仕事」とも言われ、子どもにとって「遊び」は、「食事」と同じくらい欠かせない活動です。その他にも以下のような活動であるとまとめられます。

＊「遊び」は、自由で楽しい活動である。

＊「遊び」は、現実を虚構に置き換える活動である。

＊「遊び」は、可塑性にとんだ活動である。

2 病院における子どもの遊び

それでは、病院に入院中の子どもたちにとっての遊びとは、どのようなものでしょうか。『病める子どものこころと看護』(医学書院)には、次のようにまとめられています。気分転換だけにとどまらず、遊びを通して、日々の不安やストレスを表出し、さらに自分の体・病気の理解、治療・検査への意欲へとつながることも多いと指摘されています。

1 気分を転換させる。
2 遊びを通して問題や不安を表出する。
3 生活の日常的な側面を取り戻す。
4 遊びを通して理解力が高められ、病院で行われることを知る。

つまり、病院の子どもの遊びの意義は以下のようにまとめられます。

*精神的ストレスの軽減：楽しみ、喜び、充実感、達成感を味わえることで、苦しみ不安、緊張の緩和につながる。
*肉体的ストレスの軽減：頭や体を適度に使って前向きに挑戦することで、勇気や自立心を生み、治療への意欲向上につながる。
*発達促進・リハビリ要素：日常発達に必要な生活習慣、経験、運動、コミュニケーション、学習といった重要な要素を補う。

3 遊びのボランティアで配慮されること

私たち大人は、子どもたちにはできるだけ『「自由」に「安心」して「仲間」と「遊ぶ」ことができる環境』を整えていくことが望まれます。そして「遊び」を通して、子どもたちの「学びや遊びへの好奇心」を受けとめ、「やり遂げる達成感」「人間信頼感」「生きる喜び」を共に感じ、体験できる瞬間を大切にしていくことが求められます。

具体的には、ボランティアとして、以下のことに注意・配慮しながら、短時間でも前述のような自由で楽しく、前向きになる経験、不安・緊張の緩和につながる遊びを共に楽しんでいます。

〈遊びの中で配慮していること〉

*安全と清潔：まず環境を整備します。遊ぶ場所の安全確認、子どもたちの点滴の位置、動線を考えたおもちゃの配置、おもちゃの消毒、自身の清潔などに留意します。

*子どもの年齢（発達段階）に応じた遊び選び：病気や治療の段階によっては、普段より、または生活年齢よりやや幼い遊びを好むこともあります。いつもできていたことができないこともあることを理解し、子どもの様子から即応し、子どもが今楽しめる遊びを選択します。

*個室か集団か：一対一の遊びになるか、大部屋、プレイルームの遊びになるかも重要なことです。もし、大部屋で他児がいる中で一人と遊ぶのであれば、音の出るおもちゃなどに配慮が必要ですし、皆を巻き込

んで遊んでよいのか、などは、感染や病状の問題をよく看護・医療関係者に情報を聞いて関わる必要があります。

＊同年齢か異年齢か：大体同じ年齢層なのか、赤ちゃんと高校生など大きな隔たりがあるのか、関わり方、遊び方の工夫が必要となります。

＊長期か短期か：次回も一緒に遊べるのか、そうでないのか、継続については、とても大切な問題です。基本的には継続して「また遊ぼうね」というスタンスは、子どもたちに次への期待・希望を与えます。今度会う時までにこれやってね、などがあるとボランティアと会っていない時も楽しめます。現実には、病状により、退院、外泊、転院、ということもありますので、次が確約できるかは分かりません。「またね」と言いつつ、次があってもなくても大丈夫な関わり方も大切です。

＊付き添いがあるかないか：付き添いのある場合は、付き添いの方と子どもの関係性を見ながら関わります。付き添いの方が離れる場合は、戻ってきたときにその間の話を伝えます。

＊初めてかいつも遊んでいるか：初めての場合は、すぐに遊びこめず様子を見ている子どもも多いのでその時間も大切にしつつ、声をかけていきます。慣れている子どもと一緒に声をかけて、仲良しになるきっかけを作ることもあります。

4 遊びのボランティアの実際

最後に子どもたちとの実際の遊びを見てみましょう。

〈プレイルームにて〉

プレイルームにはたくさんの子どもたちが遊びに来ます。ボランティアの人数が少ない時は、おもちゃをたくさん出しすぎると目が届かなくなるので、皆で一緒に遊べるおもちゃを出すことがあります。その頃は、魚釣りゲームが流行っていました。シーツの海を敷き、マジックテープの付いた魚たちを釣ります。

あんよができるようになって、いろいろ歩きたいもうすぐ2歳のAちゃんは、海の中も入っていきます。上手に手づかみでお魚を取った時、「持ってきてー」というと、かごを持ったママのところに戻ってきます。

初めての0歳のBちゃんとお母さんは、お座りしてキョロキョロしています。小学3年生のCちゃんが釣ったお魚が飛んできて、お手々を出すと、優しいお姉さんのCちゃんは、「お魚で遊んでいていいよ。じゃ、誰にも取られないように見守っていてね」と上手にBちゃんとお母さんに役割を与えて、自分は取りにくい難しいお魚に夢中になって挑戦します。

入院に慣れてママがいなくても大丈夫になった3～5歳のDくんとEちゃん、「やるやるー!」と二人ではしゃいでいます。釣り竿も難易度を細かくつけて用意しておくと、こうして異年齢で遊ぶ時には、その子に合わせて選べます。ひもが長くて操作が難しいもの、短くて簡単なもの。小学1年生のFちゃんは、車いすで参加。ちょっとひもの長い釣り竿にしたものの、今日は調子悪くてご機嫌斜め、手の操作もうまくいかなくて「できないもん」と泣きそう…そんな時は、ボランティアが「あ、おいしそうなエサがあるパクッ」とお魚を釣り竿に付けたりします。「ずるーい!」なんて言いながらも、Fちゃんの表情がちょっと緩むと、皆もそんなに責めたりはしません。逆にボランティアも「他においしそうなエサはないかな」なんて言って、あまり取れていない子どもの釣り竿に付けてあげたりします。

プレイルームの横にはご飯などが食べられるテーブルがあり、そこには、大きな子どもたちが遊びに来ていることもあります。魚釣りで盛り上がっていると、「採点表作ろっか」などお手伝いをしてくれることもあります。一人で座っている高学年の子どもも、静かにしていたいけれど、話しかけると結構おしゃべりして、一緒に輪に加わったり、「あの子、実はあんまり魚取れてないよね」などと冷静に観察しておしえてくれます。

その日は、看護師さんとお母さんが困ったように連れてきた3歳のGくんがいました。頭に包帯を巻いて、手術をしたばかりとのこと。「どうしてもプレイルーム行く！っていうんです。今遊べるかどうか先生に聞いてみるので、ちょっとだけここにいてもいいですか」と看護師さん。お医者さんが来て、Gくんの様子を見てびっくり！お母さんや看護師さんと話し合い言いました。「今日はお遊びは難しいけど、ここで見ているだけならいいよ。それでもいい？」先生が言うとGくんは「うん、いいよ！」とにっこり。それから、Gくんは本当に楽しそうに、みんながわいわい遊ぶ様子をママにもたれながら見続け、お片付けの頃に眠くなり、とても満足そうに「お部屋行く」と帰っていきました。

〈個室にて〉

どうしてもプレイルームに出られない子どももいます。感染に弱くなっている子どももいれば、逆に感染していて出られない子どももいるでしょう。でも子どもの想像力は無限です。3歳のHちゃんは、ボランティアが遊びに行くと、嬉しくて、おままごとなども「こっちがお店屋さん、こっちがおうちで、ここで作るの」と小さいベッドをめいっぱい動き回って汗をかいて遊んでいました。

長期入院をしている6歳のIくんは、たくさん手術もして、つらい治療もして、個室の入院が続いていました。

遊びに行くと、「遊ばない！」と言います。「遊んだってつまらない！」と言うのです。「面白いおもちゃ持ってきたよ」というと遊び始めたのですが、その思いは最後にわかりました。そろそろお片付けかな…と言ったとき、「ほらね」と。「遊んだらつまらなくなるんだ」と。楽しく遊んだ後、また静かな病室、お薬の時間、一人の時間…「楽しい」が大きいと「つまらない」も大きく感じてしまう…。心が痛くなりました。「じゃあ、次までにこのクイズやってみて。このパズルできたら見せてね」などと、今度会う時までずっと楽しみが続くような遊びを考えるようになりました。

子どもたちはそれぞれの立場で遊び、それぞれの楽しみ方をします。ボランティアとの時間は、「病気の自分」でなく、「遊んでいる自分」がメインでいられる時間になるように、そして次の遊びの時間、風が吹く時間が楽しみになるように、活動できることが期待されます（二〇二〇年三月より多くの小児病棟で活動休止中です。再開される日を心待ちにしています）。

（加藤優子・小児病棟遊びのボランティア）

〈参考文献〉
・デイブ・J．ミューラー著　梶山祥子・鈴木敦子訳（一九八八）『病める子どものこころと看護』医学書院

5 ボランティアによる家族支援

病気の子ども本人だけではなく、保護者やきょうだいへも支援を行なっている活動を紹介します。

ファミリーハウス活動と呼ばれている支援活動があります。高度医療を受けるために遠く自宅を離れて入

院をしている子どもと家族のための滞在施設を運営しています。一泊一〇〇〇円で利用できるという経済的な支援のみならず、そこには「もう一つのわが家」という理念のもと、本人も含めた家族の心身を癒す場としての意味があります。具体的には以下のような特徴があります。

・病院と隣接または比較的近い場所にあり、かつ利用時間に制限がないため家族の身体的負担の軽減になる。
・個室を用意しつつも共同のキッチンやリビングがあるため、同じ立場の利用者とのコミュニケーションがはかれる。（ピア・カウンセリング効果）
・生活に必要なものはほぼ一通りそろっている。
・病院と自宅が遠い患児もファミリーハウスで、家族と「わが家の生活」を体験することができる。それは患児への精神的支援になるのみならず、きょうだいへの支援としても機能し、きょうだいの病気や療養生活への理解の機会にもつながっている。

また、ファミリーハウス活動以外にも、きょうだいに焦点を当てた支援活動が、近年、看護大学の学生などのボランティアにより始められています。

（足立カヨ子・元特別支援学校教諭）

※国立がんセンター中央病院小児病棟親の会「COSMOS会」、京都大学医学部小児科ボランティアグループ「ニコニコトマト」、順天堂大学附属医院ボランティアグループ「まほうのランプ」、NPO法人病気の子どもの支援ネットワーク、NPO法人日本グッドトイ委員会等、現在、多くのボランティア団体が病棟との連携・協力のもと、保育活動を実施している。
※認定NPO法人ファミリーハウス、公益財団法人ドナルド・マクドナルド・ハウス・チャリティーズ・ジャパンなどがファミリーハウス活動を実施している。

Part 2

医療と教育的配慮

第1章　病気の理解と配慮事項

1　小児がん

(1) 病気の特徴

小児がんとは、「一五歳以下の子どもに発生する悪性腫瘍」と定義されています。日本では一年間に二〇〇〇〜二五〇〇人の子どもが新たにがんと診断されています。おもな小児がんの発生部位と頻度は図1の通りです。白血病が四〇%、脳腫瘍が一九%を占めています。

今日、小児がんの長期生存率は約七〇%まで向上しています。しかしながら、小児がんは五歳以上の子どもの病死原因の第一位であり、一年間に約八〇〇人の子どもたちが亡くなっています（厚生労働省統計二〇一九）。小児がんは高度な治療を必要とし、入院期間も半年から一年と長期におよぶ場合が少なくありません。退院後も、定期的な検査や経過観察が必要であり、再発、二次がん、晩期合併症や後遺症などの不

安を抱えながら生活しなくてはなりません。

厚生労働省健康局がん・疾病対策課（二〇一七）は、「これまでの小児がん対策について」の報告をまとめ、小児がんの子どもに対しては、専門医による有効な治療を行うとともに、成長・発達支援を含めたトータルケアが必要であると述べています。

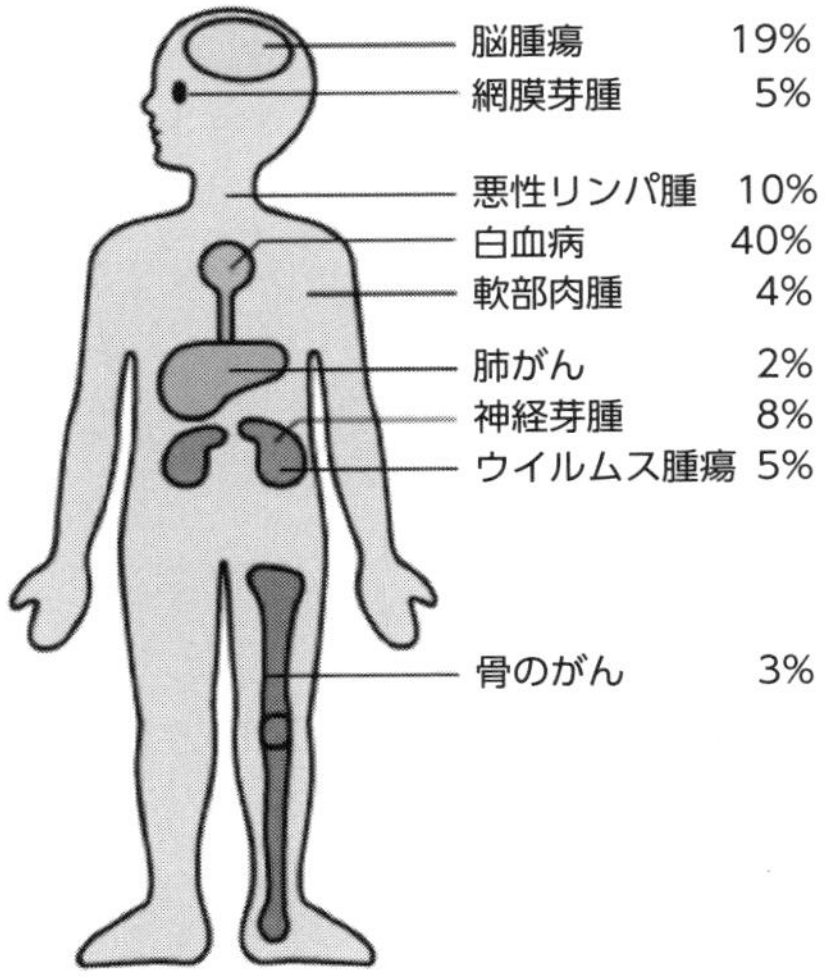

(図1) おもな小児がんの発生部位と頻度
松浦和代・牧田靖子作成

今後の小児がん対策のあり方について

①小児がんは抗がん剤の有効性が極めて高い。抗がん剤が重要な治療手段である。
②手術療法、放射線療法、化学療法が重要で、これらを最適に組み合わせていくことが必要である。
③がんが治った後の人生が長く、健康な成人として育つための支援が必要である。
④治療の影響などでさらに別のがん（二次がん）を発症する確率が高く、また後に成人病を一般より若い年齢で発症しやすい（晩期合併症）。
⑤子どもはストレスへの適応力が未熟であるため、疾病や治療による苦痛から容易に心的外傷後ストレス障

害（post-traumatic stress disorder：ＰＴＳＤ）などを発症し、その後の成長に悪影響を与えることがある。そのため、治療に際しては、心理的ケアや療養環境の整備などに十分な配慮が必要である。
⑥成長期の発症であるため、治療を行いながら同時に教育を行い、成長を促すことが必要である。

出典：がん対策推進協議会小児がん専門委員会（二〇一一）：今後の小児がん対策のあり方について、ｐ７より抜粋

⑵ 治療

① 治療の種類

小児がんの治療は、おもに化学療法（抗ガン剤を用いた治療）、手術療法、放射線療法（放射線を照射する治療）を組み合わせて行います。それらの療法に加えて、難治性の小児がんでは造血肝細胞移植が選択されています。

② 治療の副作用

小児がんの場合、化学療法は高い治療効果が期待できますが、副作用が必ず発現します。副作用の発現時期は、治療計画からおおよその予測を立てることが可能です。おもな副作用としては、骨髄抑制(白血球減少、血小板減少、貧血など)、発熱、食欲不振、悪心・嘔吐、下痢、心筋障害、心不全、間質性肺炎、出血性膀胱炎、口内炎、粘膜炎、腎不全、肝障害、脱毛などがあります。副作用の程度には個人差が多少ありますが、子どもに強い身体的苦痛と心理的苦痛をもたらします。副作用の影響によって、入院中および退院後の子どもの生活や学習は大きく左右されます。

③ 治療後遺症や晩期合併症

脳腫瘍の治療後遺症としては、小児の精神発達遅滞あるいは知能指数（ＩＱ）の低下があります。知能低下の特徴は、忘れるのではなく、短期記憶の低下です。後遺症を大きくする危険因子としては、低年齢での治療、治療からの経過期間、放射線治療の部位・範囲・程度、手術摘出の部位、水頭症の有無などが報告されています。経験者の半数近くが化学療法の影響で起きる低身長や記憶力低下、不妊といった後遺症「晩期合併症」を抱え、就職する際の障害になっていることが追跡調査によって明らかにされています（共同通信、二〇一三）。また、国立がん研究センターの調査では、小児がん診断時に就学していた患者の九割近くが治療のため転校や休学、退学を余儀なくされたという報告もあります（共同通信、二〇二一）。

ＡＹＡ（思春期から若年成人：adolescent and young adult）世代に発症するがんについては、①診療体制が定まっておらず、小児と成人の狭間で適切な治療を受けられないおそれがあること、②年代によって、就学、就労、生殖機能等の状況が異なり、患者視点での教育、就労、生殖機能の温存等に関する情報・相談体制等が十分ではないこと、③心理社会的な状況も様々である、ことが大きな課題となることが示唆されています。個々のＡＹＡ世代のがん患者の状況に応じた多様なニーズに対応できるように情報提供、支援体制及び診療体制の整備等を行っていくことが求められています。

(3) 学校での注意と配慮

① 病状の理解

小児がんの子どもの教育に携わる教員は、その病状、治療計画、副作用などについての基礎知識をもち、治療の見通しや入院期間についても保護者や医療者から情報を得、学習とメンタルヘルスの両面をサポートしていく必要があります。

②骨髄抑制への対応

多くの小児がんに共通する化学療法の副作用として骨髄抑制があります。骨髄抑制によって白血球・赤血球・血小板が著しく減少しますので、易感染性や出血傾向が問題となります。骨髄抑制の期間は、子どもたちが感染や打撲をしないように十分な配慮を要します。屋外学習、行事や軽い運動への参加、動物や植物との接触、調理学習などにあたっても、事前に医療者と打ち合わせ、学習内容や指導方法を治療による制限の範囲内で工夫します。

③脳腫瘍に起こりやすい短期記憶の低下への教育的支援

脳腫瘍の治療後は短期記憶の低下が起こりやすく、学習障害の直接的な原因となります。知能指数の客観的な評価を受けることを保護者に薦めます。また、本人の訴えや行動に応じて、視力や聴力、麻痺や言葉の障害などの検査が必要となる場合もあります。治療後遺症の程度を正しく理解すると同時に、個別的な発達支援を焦らずに継続していくことが大切です。

④体調不良への対応

集中的な治療後は、持久力だけでなく筋力も低下しています。活動全般に留意し、転倒予防に努める必要があります。

化学療法中や造血肝細胞移植後の子どもは倦怠感が強く、気分不快が続き、元気がない毎日が数週間から数か月も続くことがあります。また、一日の中で、体調や気分に波が生じることも少なくありません。

そうした場合、なかなか学習がすすまなくなります。しかし、教員は単に学習計画や学習の遅れにとらわれず、子どもの不安を軽減したり、気分転換を図ったりするための教材や教具の工夫をするなど、柔軟な姿勢が必要です。（詳細はＰａｒｔ１第３章）

⑤ 退院支援とプライバシーの保護

地元校への復帰にあたっては、病気のこと、体力的なこと、ムーンフェイスや脱毛などの容姿の変化をどのように同級生たちに伝え、理解や協力を得ていくかが課題となります。本人や保護者とよく相談し、プライバシーを尊重しながら、スムーズに復帰できるよう支援していきます。（詳細はＰａｒｔ３第２章）

2 先天性心疾患

(1) 病気の特徴

生まれたときから心臓に異常がある疾患を先天性心疾患とよんでいます。先天性心疾患はおよそ一％の頻度で発生すると報告されています。原因は、遺伝と環境の相互作用によるものが大部分とされており、多くの場合は特定することができません。先天性心疾患には、自然治癒するものから、生後ただちに手術が必要なもの、成長過程で段階的な手術が必要なもの、難治性の重症なものまでさまざまな病態があります。

今日では、先天性心疾患は新生児期・乳児期で発見することが可能となり、適切な時期に適切な治療を受けることによって、九〇％以上が完治すると言われています。しかしながら、複雑で重症な先天性心疾患では、治療をつくしても高いＱＯＬを得ることが難しい事例もあります。

(2) おもな先天性心疾患と治療

次に、わが国で多い先天性心疾患とその治療について簡潔に紹介します。

① 心室中隔欠損症

わが国で最も多い先天性心疾患は心室中隔欠損症で、全体の約三〇～四〇％を占めています。心室中隔欠損症は、左右の心室を隔てる心室中核に欠損孔のある先天性心疾患です。欠損孔が小さい場合は、定期的な経過健診は必要ですが、普通の生活管理でよく、手術の必要はありません。欠損孔が大きい場合には、血液の逆流を防ぐために欠損孔を閉じる手術を行います。

② 心房中隔欠損症

心房中隔欠損症は先天性心疾患の約七～一三％を占めています。左右の心房を隔てる心房中核に欠損孔があります。思春期まで無症状で過ごし、学校健診時に発見される例が多くみられます。病態によって、成長とともに動作時の呼吸困難、動悸、息切れ、疲れやすさなどが出現し、不整脈や心不全などを合併することがあります。大きな欠損孔は手術で塞ぎますが、最近はカテーテル経由で塞ぐ治療も行われています。

③ ファロー四徴症

ファロー四徴症とは、①心室中隔欠損、②右室流出路狭窄、③大動脈騎乗、④右室肥大の四つの異常がある先天性心疾患で、約一〇%を占めています。チアノーゼ性心疾患の中で最も多いのがファロー四徴症です。チアノーゼの重症度は、右室流出路狭窄の程度により決まります。段階的な手術が必要となります。

(3) 学校での注意と配慮

① 感染性心内膜炎の予防

幼少期に手術が終わり、日常生活でほとんど制限のない子どもの多くは、学校生活においても運動制限が不要となります。しかし、無症状や軽症であっても先天性心疾患は感染性心内膜炎を合併しやすいので、その予防が必要です。

感染性心内膜症とは、細菌や真菌が原因で心内膜面や弁膜に感染が起こり、発熱、塞栓症や弁機能不全を起こす疾患です。たとえば、虫歯などが原因となります。予防対策としては、歯磨き・うがいなどの清潔習慣の確立や、歯科治療などがあげられます。アトピー性皮膚炎、慢性中耳炎、思春期ではニキビやピアス孔の感染にも注意が必要です。

② 心理的問題

手術前後を含め、重篤な病状の子どもの場合、体調不良や病気への不安から心理面に不安を抱えています。特に思春期になると、自分の存在を否定的にとらえる傾向や、保護者への反発、周囲からの理解が得られないといった葛藤が強くなり、反抗的になったり無気力になったりするといった問題が生じます。時間をかけ、落ち着いて対応していきます。スクールカウンセラーの活用やセルフヘルプグループとの交流も考慮します（詳細はPart1第2章）。

③セルフケアの問題

手術後、チアノーゼや不整脈などのため日常生活や活動全般にまだ特別な配慮を要するにもかかわらず、周りにつられて制限以上に動いてしまう、活動に夢中になり服薬を忘れてしまう、といったことが起こります。そうした場面で心不全を起こす可能性が高まります。特に、子どものテンションが上がりやすい競技や行事では、調整的な関わりが必要です。

逆に、手術が終わり、特別な配慮が不要となった子どもは運動もできます。「既往歴があるから」という短絡的な判断で運動を禁止してしまうのではなく、子どもが自分の体調を意識しながら身体とうまく付き合っていけるように支援していきます。

以上のように、担任をはじめ学校は、その子どもの疾患名や治療経過、主治医から提示されている学校生活管理指導表などの資料を十分に把握する必要があります。学校生活管理指導表は、「体育活動（運動種目）」「文化的活動」「学校行事、その他の活動」について、運動強度を「軽い」「中等度」「強い」の三区分で示しています。区分にもとづいて具体的な計画を立てていくことになりますが、体育や行事の具体的な内容によっては活動参加の可否や程度の判断に迷うことがあります。そのような場合には、保護者から情報を得る、保護者の同意を得て主治医と話し合うなどの協議が必要です。また普段から、その子どもの体調変化の前兆や、症状の程度と訴え方の特徴などを把握しておきます。

本人が不調を訴えるときは、休息を取らせ、無理をさせないようにします。経験的には、不調を訴える力のある子どもの方が急変や事故も少ないように感じます。活発に動きたがる子どもの方が、運動負荷が過剰となってしまうことがあります。

また、全教職員が緊急時対応をトレーニングしておく必要があります。顔色不良、チアノーゼの出現や悪化、呼吸が荒い、意識障害がおきた時には、救急車で搬送します。緊急時の対策として、保健室の整備も必要です。できれば酸素吸入の準備、脈拍や酸素飽和濃度が測定できる器具を備え付けておくと安心です。最近設置がすすんでいるＡＥＤは、慌てず使用できるよう、定期的なトレーニングが必要です。

先天性心疾患の子どもたちは、成人後、本人自身が疾患をよく理解し、合併症予防や、不整脈などに対する対処方法を知らなければなりません。職業、結婚、妊娠出産や子育てなどの問題も自身の体力に応じた選択を行えるように、心理社会的自立を長期的な目標として支援していくことが必要です（キャリーオーバー・キャリアガイダンス・ハンドブック検討会編、二〇〇八）。

③ １型糖尿病

糖尿病は、インスリンの分泌低下あるいはインスリンの作用不足が原因で、糖代謝が低下し、慢性的な高血糖が持続する代謝性疾患です。糖尿病は、１型糖尿病、２型糖尿病、その他、に分類されています。

(1) 病気の特徴

小児の場合、1型糖尿病が大部分を占めています。1型糖尿病は、インスリンを合成・分泌する膵臓のランゲルハンス島β細胞が何らかの原因によって破壊されて、発症します。通常、1型糖尿病は発症が急激です。発症時の主要な症状は、全身の倦怠感、体重減少、多飲、多尿です。インスリン分泌の絶対的な不足を補うために、1型糖尿病患者は生涯にわたり、インスリン注射が不可欠となります。

わが国の1型糖尿病の発症率は、一年間に人口一〇万人に対して約一・五~二・五人で、男児よりも女児のほうがやや多いことが報告されています。

(2) 治療

① インスリン療法

健康な人のインスリン分泌は、「基礎分泌」と、食後の高血糖を抑えるための「追加分泌」の二つのパターンから成り立っています。1型糖尿病のインスリン治療は、可能な限り、健康な人のインスリン分泌に近づけることを目標としています（図2）。

インスリン製剤には、超速効型、速効型、中間型、持効型などがあります。持効型インスリン注射は基礎分泌に代わるものであり、超速効型あるいは速効型インスリン注射は追加分泌に代わるものです。小児の年齢、生活習慣や希望などを考慮しながら、それらを組み合わせた頻回注射法を自己注射により行います。取り扱いが簡単なペン型注射器を使用しますので、小学校低学年でも安全、確実に自己注射を行うことが可能です。頻回注射法によってコントロールが十分に得られない場合には、持続皮下インスリン注入療法（ＣＳＩＩ）を用いることがあります。近年では、持続して皮下のブドウ糖濃度を測定するＣＧＭ（continuous glucose monitoring）、リアルタイムで測定できるＣＧＭと一体化したインスリンポンプ（ＳＡＰ：sensor-augmented pump）も使用されています。インスリン療法は、主治医の指示をよく守り、正確な投与が大切です（糖尿病診療ガイドライン二〇一九　一八小児・思春期における糖尿病より http://www.fa.kyorin.co.jp/jds/uploads/gl/GL2019-18.pdf）。

　血糖コントロールを知るために、簡易血糖測定器を用いて毎日の自己血糖測定を行います。日常生活においては、高血糖だけでなく、低血糖の予防にも留意しなければなりません。また、過去一～二か月間の平均的な血糖値を示すHbA1c値の検査を定期的に受けます。

②食事療法

　年齢・性別・体格・運動量に応じた必要カロリーを摂取します。安定した血糖値を維持するためには、規則正しい食習慣を身につけること、栄養バランスを配慮することが大切です。１型糖尿病の場合、２型糖尿病のような厳密な食事制限は必要ありません。

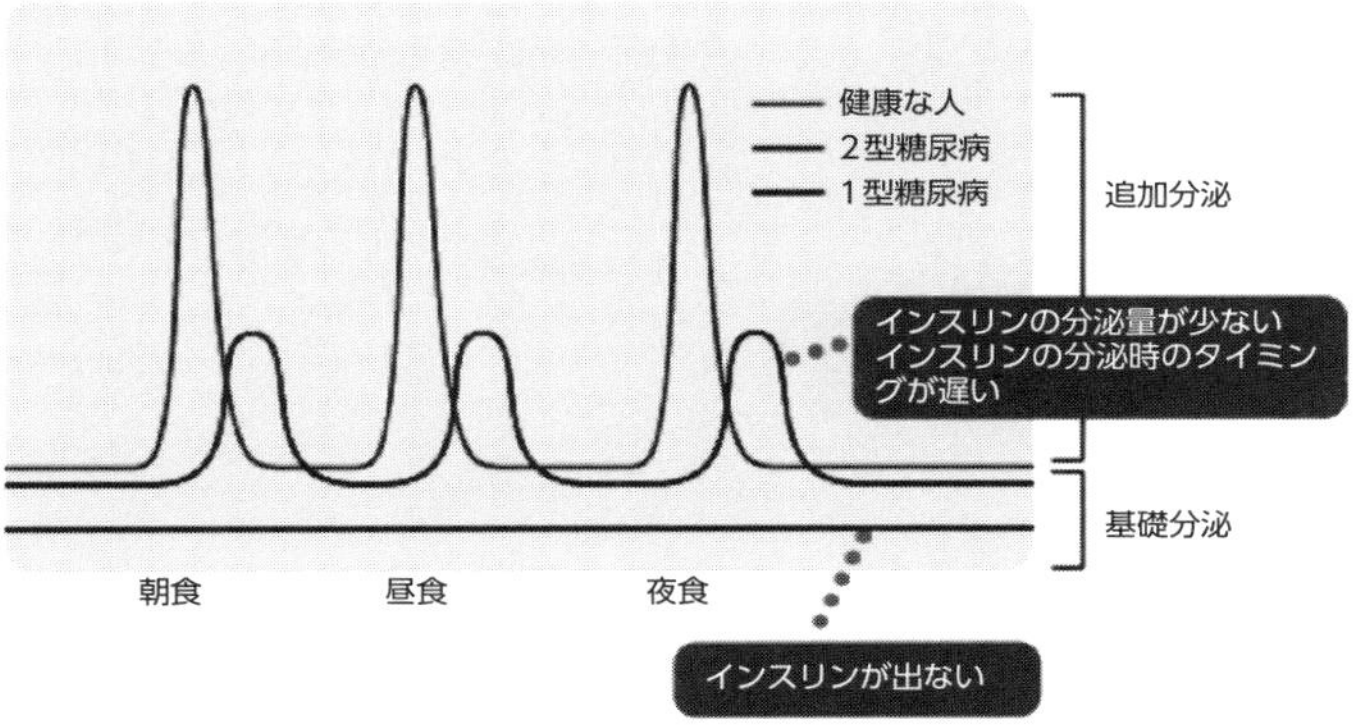

（図２）健康な人と糖尿病患者のインスリン分泌パターン

出典：河盛隆造監修：初めてのインスリン療法より
https://www.diabetes.co.jp/download/booklet/insulintherapy.aspx

③運動時の注意点

体育の授業や部活動を制限することはありません。また、２型糖尿病のような減量を目的とする運動療法は行いません。

１型糖尿病の子どもの場合、部活動がストレス解消になることもあります。ただし、低血糖予防のために、主治医から運動量とインスリン量の調整や補食の必要性などについて指導を受けることを本人と保護者へすすめます。保護者の同意が得られれば、本人を交えて担任や部活顧問が主治医と相談することもよい方法です。

④低血糖症状・シックデイ

インスリン治療の合併症として、低血糖症状が出現することがあります。強い空腹感、倦怠感、顔面蒼白、動悸、頻脈、冷汗、手足の震えなどが出現し、放置すれば、意識障害やけいれんなどの神経障害に至ります。小児は低血糖症状に自分で気づかないことも多いので、周囲の大人が観察を行い、早期発見に努める必要があります。

また、感染症などシックデイ（ふだんとは違う体調が不良なとき）には、インスリンの作用が悪くなります。一方、激しい下痢や脱水の場合には、通常のインスリン量で低血糖を起こす可能性もあります。

⑶学校での注意と配慮

１型糖尿病は生活習慣が原因ではありません。「おいしいものばかり食べたの？」といった軽率な冗談は禁句です。病気に対する不安やインスリン注射、血糖測定など多くの日常的な困難を抱えながら生活している子どもにとって、これほど苛酷な言葉はありません。

また、自己血糖測定、インスリン注射、低血糖になりかけたときのブドウ糖摂取などを安心して行える場がないことも学校で直面しやすい問題の一つです。

思春期前後には血糖コントロールが悪くなりやすいことが指摘されています。原因の一つには、成長ホルモンや性ホルモンの分泌がインスリン感受性を低下させることがあげられています。それに加えて、活動半径の拡大、生活リズムの夜型化、進路選択など思春期に特有な問題も関与し、身体的・精神的ストレスが増大することも血糖コントロールに影響を与えます。

1型糖尿病の子どもは、学校生活を普通に送ることができます。過剰な活動制限は避け、発達段階にふさわしい体験をすることが大切です。保護者とよく話し合い、その子どもにあわせた自己管理、運動、行事の調整などについて考慮します。保護者の同意が得られれば、主治医から直接助言を得ることもよい方法です。

先にも述べたように1型糖尿病の子どもは、自己注射や自己血糖測定のための場所を必要としますので、保健室の利用や養護教諭の協力が不可欠となります。

運動や行事の計画は、学校生活管理指導表にもとづいて実施しますが、学内・学外を問わず、低血糖症状出現時の対応に備えます。すぐ取り出せる場所に、角砂糖・スティックシュガーやぶどう糖のタブレットなどを常備しておきます。意識障害が出た場合にはすみやかに救急搬送しなければなりません。

同級生にも補食などを含めた自己管理の必要性を理解してもらうことが必要です。本人や家族と相談した上で、同級生への説明や協力の求め方を計画します。病態やインスリンの薬効などについては低学年には難しい説明かもしれません。しかし、「○○さんの命を守るためには欠かせないもの」であることを説明すれば、理解と協力が得られると思います。

体調が悪くなったとき、最もそばにいる同級生たちが大人にすぐ知らせることができるような集団づくりも大きな支援になります。実際、多くの1型糖尿病の子どもが、同級生の気づきに助けられています。

(4) 生涯を展望して

血糖コントロールは一生涯継続しなければなりません。合併症の学習も徐々に行いながら、病気を自己管理していく心を育てることが大切になっていきます。1型糖尿病をもちながら活躍するスポーツ選手もたくさんいます。患者会も全国的に組織されていますので、そこから情報を得たり、サマーキャンプなどに参加したりしながら同じ病気の人たちとのネットワークを広げていくことも本人の大きな支えとなり得ます。

4 2型糖尿病

(1) 病気の特徴

2型糖尿病は、複数の遺伝因子に、過食（特に高脂肪食）、運動不足、肥満、ストレスなどの環境因子や加齢が加わることによって発症すると考えられています。その発症のしくみは解明されていませんが、肥満の程度と密接に関連していることが指摘されています。父母、兄弟姉妹たちが同様の健康問題を抱えていることもありますので、家族ぐるみの栄養指導や生活指導が必要となることもあります。

(2) 治療と教育支援

① 基本的な考え方

2型糖尿病の治療は、食事療法と運動療法が基本とされています。成長期の子どもの場合、身長の伸びが著しいことから、摂取カロリーを適正に保ち、食習慣を変え、運動習慣を身につけていくことによって肥満度を低下させることが可能です。

② 食事療法

食事療法は、「日本人の食事摂取基準」の年齢・性別・生活強度を考慮し、エネルギー総量を決めます。しかし、高度肥満を伴う場合には、食事制限が必要となります。食事療法はストレスを伴いやすいため、給食などを極端に減らすことはしません。ただ、指示カロリーがある場合には主食や主菜を減らし、野菜など低カロリーのものを多く盛り付けるといった給食調理室との細やかな連携を取ります。

あわせて、早食いである、朝食をとらない、夜食をとる、間食が多い、清涼飲料水を大量に飲む、油脂の多い献立を好む、などの食習慣上の問題を解決していくことが有効です。

③ 運動療法

運動療法は、まず基本的な運動習慣の見直しから始めることが大切です。しばしば問題となるのは、テレビ、ゲームやパソコンなどの時間が長い、運動や戸外での活動を好まないといった行動様式です。

一般的に、三〇分以上の運動を週に四~五回以上行うことが推奨されています。しかし、高度肥満の小児では関節への負荷から激しい運動ができない場合もあります。やはり、本人の関心や自主性にあった運動を選択することが大切です。

自然観察をしながら歩く、ヨガやストレッチを取り入れるなど、自然に体が動いてしまうような活動を工夫します。ポジティブなフィードバックが成果につながります。

④ 長期休暇

長期休暇中の食事や運動に関する対策が必要です。本人のモチベーションや自己効力感を高め、継続可能な無理のない計画を立案すること、自己モニタリングを行うこと、などの工夫が求められます。そして、なによりも家族の理解と協力が求められます。

5 気管支ぜんそく

(1) 病気の特徴

小児の気管支ぜんそく（以下、小児ぜんそく）は、発作性に起こる気道狭窄によって、咳嗽や「ひゅーひゅー」「ぜぇーぜぇー」という喘鳴（笛性喘鳴）、呼気延長を伴う呼吸困難（ぜんそく発作）を繰り返す疾患です。

小児ぜんそく患者の九〇％以上にアトピー体質が見られることが一つの特徴です。アトピー体質に気道過敏性が加わると、小児ぜんそくを発症しやすくなります。気道過敏性があると、ハウスダストやダニなどのアレルゲンの吸引だけでなく、運動、冷気、タバコや花火などの煙といったさまざまな刺激を誘引として、気道狭窄を容易に起こしやすくなってしまうからです。

小児ぜんそくの発症は乳幼児期に多く、一〇代後半にはおよそ七〇%がよくなっていきます。しかし、治った後も「喫煙しない」などの生活習慣を守っていくことが大切です。

(2) 治療

表1のように、小児ぜんそくの重症度は、ある期間にどの程度のぜんそく症状が、どのくらいの頻度で起こったかを指標として判定されています。個人の気道の特性を客観的に評価する必要があり、呼吸機能検査、アレルギー検査、気道過敏性検査や気道炎症に関連する検査などが行われます。治療は、薬物療法（予防的な服薬管理、発作時の服薬治療）、原因となる物質（ハウスダスト、ダニ、ペットなど）の除去に大別され、それらを組み合わせた治療が行われています。

(3) 学校での注意と配慮

発作は夜起きることが多いので、睡眠不足や医療機関受診のために欠席することが多くなりがちです。ぜんそく発作のためにやむをえず遅刻や欠席が多くなることや、学内活動における注意点も多いことを学校関係者に理解してもらいます。

病状がよくコントロールされていれば、学校生活は普通に送ることができます。しかし、ぜんそく発作が起きやすい環境や状況、その原因や緊急時の対応といった重要な情報について学校関係者は共有する必要があります。ただし、その際には必ず、個人情報保護の点から本人・保護者とよく相談し、「どの程度のことを周囲に伝えてよいか」を確かめておくことが前提となります。

①学校給食

食物アレルギーがある場合、正確な情報を保護者に確認し、学校栄養士にも伝えて給食の献立を検討してもらいます。食品の制限が多い場合や献立の変更が困難な場合には、お弁当を持ってくることになります。自分だけお弁当を持ってくることは本人の精神的ストレスとなることがありますので、同級生に事情をよく理解してもらうことが大切です。

②清掃活動

掃除中、ハウスダストが発作の誘因になることがあります。換気を十分に行うとともに、マスクを着用したり、拭き掃除を担当したり、ほこりを吸い込まないよう配慮します。

（表1）小児気管支ぜんそくの重症度分類

発作型	症状の程度ならびに頻度
間欠型	・年に数回、季節性に咳嗽、軽度喘鳴が出現する。 ・時に呼吸困難を伴うこともあるが、β２刺激薬の頓用で短期間で症状は改善し持続しない。
軽　症 持続型	・咳嗽、軽度喘鳴が１回／月以上、１回／週未満。 ・時に呼吸困難を伴うが持続は短く、日常生活が障害されることは少ない。
中等症 持続型	・咳嗽、軽度喘鳴が１回/週以上。毎日は持続しない。 ・時に中・大発作となり日常生活が障害されることがある。
重症持 続型１	・咳嗽、軽度喘鳴が毎日持続する。 ・週に１～２回中・大発作となり日常生活や睡眠が障害される。
重症持 続型２	・重症持続型１に相当する治療を行っても症状が持続する。 ・しばしば夜間の中・大発作で時間外受診し入退院を繰り返し、日常生活が制限される。

出典：日本アレルギー学会（濱崎雄平、河野陽一、海老澤元宏他監修）（2012）：小児気管支ぜんそく治療・管理ガイドライン2012、協和企画、p.21

③ 飼育当番

動物の毛や鳥の羽は発作の誘因になります。飼育当番は避けます。

④ 運動

運動によって一時的に喘鳴や呼吸困難が起きることがあり、これを運動誘発ぜんそく（exercise-induced asthma：ＥＩＡ）といいます。ＥＩＡは、重症な患者や発作がコントロールされていない患者が、激しい運動を続けた場合に、冷たく乾燥した環境下で起こりやすいとされています。喚起機能は運動後五～一〇分で最も低下しますが、ほとんどの場合は、安静と水分補給によって二〇～三〇分後には回復します。ＥＩＡによって運動嫌いとなる子どももいますので、適切な運動方法を指導することが大切です（表2）。長距離走はＥＩＡが起こりやすく、短距離走は運動がとぎれるのでＥＩＡが起こりにくいといわれています。水泳もＥＩＡが起こりにくい運動です。

⑤ 学習

理科の実験では、刺激臭のある薬品や煙を吸い込まないように注意します。

（表2）運動誘発ぜんそくを避けるために：準備のポイント

1	準備体操を十分に行う
2	運動量を少しずつふやす
3	少しずつでも運動を継続する 同じ程度の運動を続けることによって、しだいにEIAの発生頻度は減少します。
4	冬の運動時にはマスクを着用する 寒い時期は、通学など長時間歩くだけで発作を誘発することがあります。マスクを着用するとEIAが少ないというデータがあります。
5	主治医から指示された予防薬を使う

行事には普通に参加できますが、宿泊行事では布団のほこりや食事内容に留意します。主治医への事前相談、緊急時に対応してくれる医療機関への事前連絡なども行います。

⑥ぜんそく発作時の対応

一般的に発作強度は小・中・大発作と呼吸不全の四段階に分けられています。学校での対応は家庭での対応に準じて行いますが、最も重要なことは、医療機関を受診すべきタイミングを逃さないよう「強いぜんそく発作のサイン」を判断することです（表3）。強いぜんそく発作のサインがみられるときには、大発作あるいは呼吸不全を起こしていると判断し、ただちに医療機関を受診させます。軽い発作時には、安楽な姿勢、腹式呼吸や水分補給を行い、主治医から処方されている頓服薬を正しく使用します。

（表3）強いぜんそく発作のサイン

・唇や爪の色が白っぽい（もしくは青～紫）
・息を吸うときに小鼻が開く
・息を吸うときに、胸がベコベコ凹む
・脈がとても速い
・話すのが苦しい
・歩けない
・横になれない、眠れない
・ボーとしている（意識がはっきりしない）
・過度に興奮する、暴れる

出典：日本アレルギー学会（濱崎雄平、河野陽一、海老澤元宏他監修）（2012）：小児気管支喘息治療・管理ガイドライン2012、協和企画、p.89

6 アトピー性皮膚炎

(1) 病気の特徴

アトピー性皮膚炎は、強いかゆみを伴う湿疹が悪化と回復を繰り返しながら慢性的な経過をたどる皮膚疾患です。患者の多くは遺伝的素因としてアトピー素因（アトピー体質）をもっています。アトピー素因とは、家族に気管支ぜんそく、アレルギー性鼻炎・結膜炎、アトピー性皮膚炎のいずれかあるいは複数の疾患をもつものがいることなどをいいます。

アレルゲンとしては、乳幼児では鶏卵、牛乳、小麦、大豆などの食物アレルゲン、年長者ではハウスダスト、カビ・ダニなどが報告されています。

また、アトピー性皮膚炎の悪化因子としては、発汗、疲労、精神的ストレス、日光、季節・気候などがあげられています。また、かゆいから「かく」という行動も大きな悪化因子です。

・夏に悪化するタイプ：汗をかくため、それが刺激になってかゆみがひどくなります。さらに、夏は細菌が繁殖しやすいため、それによって皮膚の炎症が悪化し、かゆみが強くなります。
・冬に悪化するタイプ：寒くなると皮膚の乾燥が強くなるため、かゆみがひどくなります。暖かくなると発汗により肌に潤いがでるため、かゆみがやわらぎます。

(2) 治療と日常生活指導における留意事項

① 基本的な考え方

治療の基本は次の三点です。

・皮膚の病変部位に対して保湿剤・保護剤を含めたスキンケアを行う。
・生じた炎症を鎮静化するためにステロイド外用薬やタクロリムス軟膏を使用する。

・かゆみを軽減するために抗ヒスタミン剤を使用する。

②外用薬の使用

外用薬の場合、塗布する回数、一回あたりの量、塗る部位について主治医から指示がありますので、保護者に確認しておきます。年齢、症状や季節によっても主治医の処方は変わりますので、定期的に保護者に確認します。外用薬は、皮膚をきれいな状態にしてから塗ることが原則です。塗る前には、手を石鹸で洗い、清潔にします。

③スキンケア

入浴やシャワーは毎日行います。石鹸やシャンプーは洗浄力の強いものは避け、界面活性剤の割合が低いものを選択し、十分に流します。爪は短く切り、タオルやスポンジで強くこすることは避けます。

また、皮膚の乾燥はアトピー性皮膚炎を悪化させます。医師の指示に従い、保湿剤や保護剤を使用します。

④運動量の調整

身体が温まるとかゆみを増すことが多いため、運動量の調整が必要となる場合があります。紫外線が強い季節には、屋外での運動を避けます。そうした調整が子どもの精神的ストレスとならないよう、自然な介入を工夫します。

⑤学校環境の管理

教室をはじめとする校内の環境を清潔に保ちます。じゅうたんや畳はダニの温床となりますので、可能なかぎり使用を避けます。

衣類や装飾品などがアレルゲンとなっている場合、教員や同級生の衣類にも留意します。特に低年齢の子どもは発達上、身体の接触をともなう遊びを好むものです。そうした発達ニーズを抑制することがないよう、準備、工夫や周囲の協力を考慮します。

⑥体調管理

心身の疲労の蓄積はかゆみを増すだけでなく、倦怠感、食欲低下や睡眠不足といった体調不良に直結する問題を引き起こし、それがさらにアトピー性皮膚炎の悪化、かゆみの増強につながるという悪循環を引き起こすことがあります。かゆみから悪循環が生じないように、指示された薬を正しく使用します。

皮膚がきれいになると、身体が本来もっている自然治癒力も高まり、かゆみが減ってよく眠れるようになります。体調が整うことによって、子どもは落ち着きや集中力を増し、学校生活を充実させることができるようになります。体調管理は、心が活性化する教育実践において必要不可欠といえます。

（①〜⑥松浦和代・札幌市立大学教授／牧田靖子・札幌市立大学助教）

7 心身症・摂食障害

今日の社会において、多くの子どもたちが日々の生活のなかで緊張と不安を抱えながら過ごしています。とりわけ心身症の子どもは、それまでの生活史のなかで徐々に積み重なってきた精神的な緊張やストレスが、何かをきっかけとして重い身体症状となって現れ、入院治療を要する深刻な事態となることが多いように思います。そのような子どもたちの病院内教育のスタートは、主治医の判断をもとに慎重にはじめられます。たいていの場合、本人が「外の世界」に気持ちが向いてくる兆しが見られる頃に、病院内教育が紹介されます。

ゆりさん（小学六年生）と病院内教育との出会いも、ゆりさんが看護師の誘いかけで初めて車いすで散歩に出かけたときのことでした。看護師が、学級菜園で野菜の苗を植えていた私たちと、ゆりさんを引き合わせてくれました。鼻腔栄養のチューブを付け、極端に痩せていること、硬い表情をしていることから、摂食障害を抱えていることが推察されました。

摂食障害の子どもは、極端な体重減少による貧血、むくみ、骨粗しょう症などを抱えているため、運動を制限されていることがあります。ゆりさんは、このとき立ち上がることも禁止されていたので、看護師に体を支えてもらい、車いすから身を乗り出すようにしてジョウロで水やりをしました。

こうした関わりをきっかけとして、自分から入級を希望し、学習を開始することになりました。

入級当初のゆりさんは「私は、勉強が大好き。漢字を勉強したい」と、やる気を見せていました。ところが、数日後に病室で教員と二人きりになった途端に、大声で泣き出し「もう勉強したくない。院内学級にも行きたくない！」と言い出したのです。とても楽しみにしている様子だった社会科見学も、「絶対に行きたくない」と、急に態度が変わってしまったのです。教員は、ゆりさんの気持ちの不安定さや態度の急激な変化に、驚き、悩み、周りのスタッフに相談しました。

その中で、次のことに気づかされました。ゆりさんのような摂食障害の子どもは、自分でこうありたい、こうあるべきであると決めると、生真面目に努力し、さらに自分で目標を引き上げて「良い子」になろうとする傾向があるように感じました。しかし、現実はなかなか自分の目標通りにはなりません。そのことがかえって自分を追いつめ、うまくやれない自分を責めてしまうのです。どうにもならないジレンマから、自分を傷つけたり、あるいは激しい言葉や態度で他の人に当たったりします。楽しみにしていた社会科見学に突然行きたくないと言い出した背景には、健康になりたいと願う自分と、食べられない自分との葛藤がありました。体重を一定の目標値まで増やさなければ「外出禁止」になるというきびしい治療への反発もあったのです。

ゆりさんとの学習では、学級菜園活動で見せた積極的な態度を手がかりにして、植物を育てる活動を取り入れるようにしました。そうした中でゆりさんは週末も家族と一緒に学級菜園の植物に水やりをしてくれました。「私がお水をあげたから、トマトがこんなに大きくなった」「私が植えたへちまが一番元気がいい」という発言から、自分を認めてもらいたい気持ちの切実さが伝わってきました。

さらに「このトマトが大きく赤くなる頃には、私は退院できる」「退院したら自分の家のベランダでも植物を育てたい」「将来は、もっと植物の勉強をしたい」という言葉も聞かれるようになりました。自然に影響されながら、時間を経てゆっくりと大きく成長していく植物の姿に、自己の成長を重ね、柔軟かつ多様に受けとめていくことの大切さを学んでいるように感じられました。こうした中で、ゆりさんは入院治療を経て、体重も増え、自分への自信を取り戻して地元校に復帰していきました。

どの子どもにも言える基本的なことではありますが、特にゆりさんのような摂食障害の子どもに対しては、以下のことを心に留めながら関わっていくことが大事であると考えています。

・子どもが抱えてきた生活史の重さを推し量り、子ども自身の感じ方や考え方、こだわりや目標を受けとめながら、安心感を得られるような関わりを心がける。
・子どもの気持ちの揺れやネガティブな感情に対して、柔軟かつ受容的な態度で接する。
・人と比べられることにとりわけ敏感であること、また褒められることが本人の精神的な負担につながってしまう場合もあることに注意して関わる。
・関わりや会話の中で、子どもの表情が和んだり、興味・関心を示したりしたことに注目し、それを手がかりにしながら学習内容を創り出していく。
・学習内容をより具体的に、目に見えたり、手に取ったり、家族や周りの人たちにも分かち伝えられやすいものとするように工夫する。
・教員は一人で抱え込まず、教員集団や医療スタッフと連携しながら、子どもを理解するように話し合いの場を設ける。

（⑦斉藤淑子・都留文科大学特任教授／中沢澄子・特別支援学校教諭）

〈参考文献〉

・大関武彦他著（二〇一二）『今日の小児治療指針第一五版』　医学書院、東京
・大八木秀和監修　宮川和也編（二〇一九）『患者がみえる新しい「病気の教科書」かんテキ循環器』メディカ出版、大阪
・がん対策推進協議会小児がん専門委員会（二〇一一）：今後の小児がん対策のあり方について、小児がん厚生労働省専門委員会報告書．
・キャリーオーバー・キャリアガイダンス・ハンドブック検討会編（二〇〇八）：大人になりゆくあなたに、小児慢性疾患の治療・定期検診を受けながら大人の準備をするためのガイドブック（中学生・高校生向き）、対象：１型糖尿病・小児がん・先天性心疾患の患者（経験者）．
・キャリーオーバー・キャリアガイダンス・ハンドブック検討会編（二〇〇八）：社会にはばたくときに、社会人として歩み始めた小児慢性疾患患者・経験者のみなさんに
・久保田健夫編（二〇〇九）：図解　小児科学、金芳堂、京都
・厚生労働省科学研究班（二〇〇四）：「アトピー性皮膚炎の既存治療法のＥＢＭによる評価と有用な治療法の普及」（二〇〇二─二〇〇四）
・財団法人がんの子どもを守る会（二〇〇三）：子どものがん─病気の知識と療養の手引き、財団法人がんの子どもを守る会、東京
・財団法人がんの子どもを守る会（二〇〇二）：がんの子どもの教育支援に関するガイドライン、財団法人がんの子どもを守る会、東京
・谷川弘治、稲田浩子、駒松仁子他（二〇〇〇）：小児がん子どものトータルケアと学校教育、ナカニシヤ出版、京都
・日本アレルギー学会（濱崎雄平、河野陽一、海老澤元宏他監修）（二〇一二）：小児気管支喘息治療・管理ガイドライン二〇一二、協和企画、東京
・森川昭廣監修（二〇一〇）：標準小児科学、第七版、医学書院、東京

第2章

医療との連携・協働の意義と実際

1 医療との連携・協働の定義と意義

(1) 病院内教育の基盤としての医療との連携・協働

病院内教育の大きな特徴の一つとして、常に医療の進歩や治療方法の変化と結びついていることがあげられます。この教育のおいては医療との連携が必要不可欠なのです。連携のあり方やシステムは、それぞれの状況（規模、診療科、教育環境、医療スタッフの教育への意識等）によって病院ごとに大きく異なります。そうしたことから、医療と教育の連携・協働の形は、それぞれの病院と教育現場で個々に積み上げられてきているというのが現状です。

「医療と教育の連携・協働」の定義について、谷川（二〇一一）は「複数の主体が、対等な立場で、コミュニケーションを図り、目標を共有し、相互の特性を活かした、相互補完関係を構築することによって、結果を創出すること」と述べています。

連携・協働は、組織間およびスタッフ間のコミュニケーションから出発します。しかし、それぞれの専門性の違いから、子どもの見方や関わり方も当然異なり、ときにはギャップを感じることもあります。たとえば教育では、子どもの活発さや積極性を引き出すことに重きが置かれますが、医療では、安全や衛生面を鑑みて慎重に行動することが重視されます。

教育現場においては日常的な学習活動であっても、病気の子どもにとっては配慮を必要とする活動がたくさんあります。したがって、教育側も学習の目的や、いつ、何を、どのように行おうとしているのかをしっかりと医療側に伝えて、医療側からの情報・助言をふまえた調整を行いながらすすめていくことが求められます。大切なことは、専門性や立場の違いを尊重しながら、病気の子どもたちの健康・発達・学びを最大限に保障しようとする姿勢であり、このことが医療と教育との連携・協働の基軸となるのです。

(2) 医療との連携を支えるシステム

医療と教育のよりよい連携・協働のためには、次の二つのシステムが効果的に機能することが大切です。

一つ目は、病院と学校という組織間での公的な連携システムです。それぞれの代表者や担当者が定期的に集まって運営や協力体制について協議したり、「覚え書き」等の文書で確認したりします。つまりこのシステムは医療と教育のいわば組織的な連携の基盤となるものです。これによって、病院内での教育の位置づけや役割についての基本的な合意が得られ、継続的な教育活動が保障されます。たとえば、病院訪問教育を受けていた子どもが退院して、一時的に教育を受ける対象の子どもがいなくなっても、組織的な連携システムがあることで、再び子どもが入院してきた際にスムーズに教育を再開・継続することができるのです。

二つ目は、子どもの日常生活を実質的に支えるスタッフ、つまり医師、看護師、教員、ケースワーカー、心理専門職、保育士、チャイルドライフスペシャリスト（ＣＬＳ）等による子ども理解のネットワークです。このネットワークがあることで、個々の子どもの病状及び発達や学習等について、スタッフ間で日々の具体的な情報交換を行い、子どもの状況にあった適切な対応が可能となります。

スタッフ間でのコミュニケーションの重要性について西田（二〇〇九）は、長年にわたって医療ソーシャルワーカーとしてチーム医療の推進役として活躍し、病気の子どもと病院内の学級のつなぎ役を担って立場から、次のように述べています。

「病院で治療を受ける子どもにとって、病気や怪我が複雑で治療期間が長引くときに、その子どもに関わる職種が多ければ多いほどその子どもは恵まれている。（中略）一人の子どもの多様な心の動きをその子どもに関わる人たちが多角的に観察し、確かめ、その子どもの全容を理解することを心がけることがチーム医療の意図するところではないだろうか。（中略）意見が衝突することがあるかもしれない。意見がぶつかったときその問題をとことん話し合えるのが、本来のチーム医療でありカンファレンスである」

治療に直接関わる医師・看護師と、教育・心理・生活支援に関わるケースワーカー、教員、保育士、心理士等が、子どもの抱える課題について、多方面から率直に意見を出し合い、総合的に捉えながら具体的対応を編み出していくプロセスは、まさにトータルケアの推進力となります。また教員にとっては、トータルケアについての学びの場にもなり得ます。

(3) 連携・協働をすすめる上で必要なこと

医療との連携・協働をすすめていくためには、教育側として次の三つのことに留意して取り組む必要があります。

①病気・安全・感染予防についての理解

子どもの病気や治療等について基本的な知識をもつことは、教育側にとってきわめて重要な課題です。特に注意しなければならないこととして、感染面への対策があります。極端に免疫力が低下し感染しやすい状態（「易感染傾向」と言います）の子どもがいる一方で、他の人に感染させる可能性がある子どももいます。いたずらに恐怖や不安を抱く必要はありませんが、最も気をつけなければならないことは、私たち自身が、感染媒体にならないことです。そのためにも感染症予防について充分な知識をもち、日頃から手洗い等をしっかりと行うなど、厳重な予防と自らの健康管理が求められます。

②必要な情報の共有と管理の重要性

医療スタッフと必要な情報を共有しながら、子どもと家族への理解を深めることは、ケアやサポートの質を高めていくことに直結しています。もちろん個人情報についてはプライバシーに配慮して慎重に管理し、取り扱うことが前提となります。

③教育への理解を深める取り組み

子ども、保護者、そして医療スタッフにとって、学習に対するイメージは多様であり、病院内教育への期待も異なります。子どもたちは、病気になったことでつらい思いをしたり、自信をなくしたりします。しかしその一方で、こうした体験の中で学んだことや、自分を支えてくれた人たちがいることを力に変え、自分の世界を広げていくたくましさも合わせもっています。そうした姿を、授業公開、学習発表会、作品展示、学級通信等のさまざまな機会を活用しながら医療スタッフに伝え、理解を深めていくことも、教育側の大切な役割です。こうした取り組みを通して、子どもの成長・発達を一緒に喜び合える協働の輪を広げることができるのです。

〈引用・参考文献〉
・谷川弘治　日本育療学会第一五回学術集会　記念講演　配布資料より　二〇一一年八月二八日
・西田知佳子（二〇〇九）『病気の子どもの心理社会的支援入門　第2版』P211、谷川弘治・駒松仁子・松浦和代・夏路瑞穂編、ナカニシヤ出版

2 連携・協働の実際

医療と教育の連携・協働がよりいっそう推しすすめられることによって、それまで「入室禁止」や「個室隔離」となっていた重い病気を抱える子どもたちも、積極的に教育を受ける機会が増えてきました。

医療との連携・協働によってどのような子どもたちの学習を実現することができ

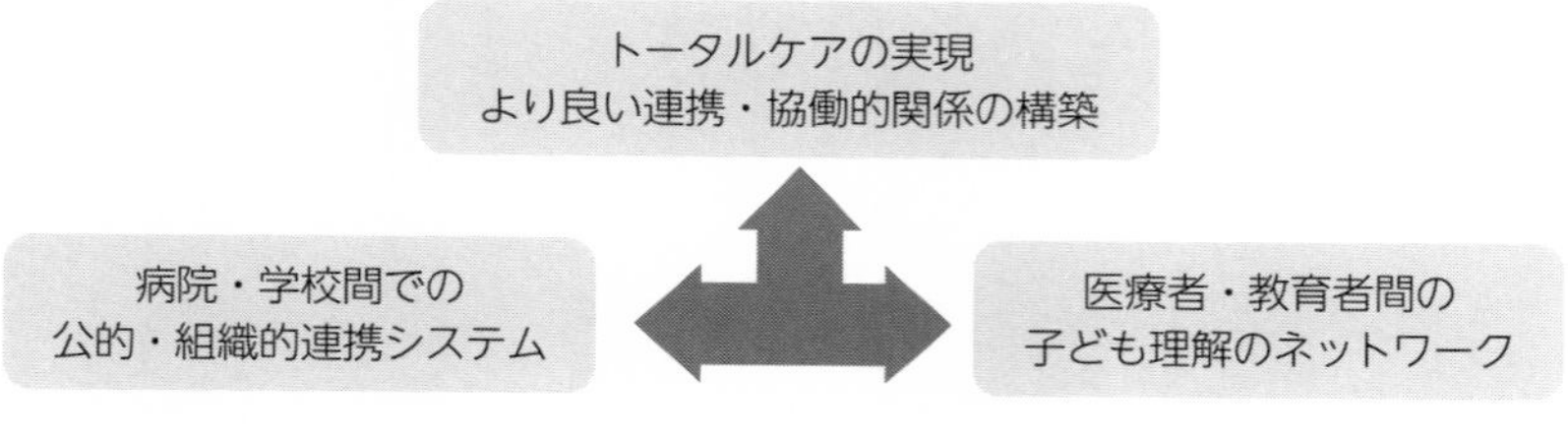

たのか、次に記してみたいと思います。

①白血病で造血幹細胞移植治療（以下BMT）を受けるため、何週間も外部と隔絶された移植部屋で過ごすことを余儀なくされた子どもとの学習
②先天性の骨形成不全のため、出生後まもない時期からずっと新生児集中治療室（NICU）で過ごしてきた子どもとの学習
③拡張型心筋症となり心疾患集中治療室（CCU）に緊急入院した子どもとの学習
④長期入院で多剤耐性菌を保菌している子どもと、入院中の子どもたちとの関わりをつくる取り組み
⑤痛みと闘い緩和ケアを受けながら、最期まで教室で友だちと一緒に過ごすことを望んだ子どもとの学習
⑥情緒面の発達に課題がある子どもの入院生活を、医療スタッフとの「子ども理解のカンファレンス」を基軸にしながら支えた取り組み

このようにさまざまな課題を抱えた子どもたちに対して、限られた教育環境の中で学習内容のあり方を模索してきました。そして、その子どもと外の世界・人間関係を意識的につないでいこうとしたとき、子どもの生存・発達・学びを支える専門家たちのネットワークを創りだし、フットワークとチームワークを機能させていくことが推進力となりました。

ここでは、①の事例を取り上げ、医療と教育の連携・協働によって教育実践を実現させたプロセスについて紹介していきたいと思います。

(1) 移植部屋での学習の実現と連携・協働の実際

難治性の白血病や悪性リンパ腫への有効な治療として、BMTが実施され始めたのは一九八〇年代の後半に入ってからでした〈注1〉。東京都内にある小児血液腫瘍科を専門とする病棟においても、一九八八年よりBMTが行われ始めました。しかし、この治療によって免疫力は著しく低下し、感染しやすい状態が続くことになります。そのため、子どもは移植治療専用の部屋いわゆる移植部屋に入らなければなりません。入室できるのは医療スタッフと保護者に限られ、骨髄が生着して正常な血液が造り出されるようになるまで、子どもは狭い部屋の中で何週間も過ごさなくてはならないのです。

一九九〇年代初めに病院内の学校に在籍している白血病の中学生が、この治療を受けることになりました。無菌室での生活が長引くことで、拘禁状態からくるストレス〈注2〉が強く現れることが懸念されたことから、教員も無菌室に入ってサポートしてほしいとの依頼が、医療者と保護者から出されました。一番心配したのは、教員が入ることで感染のリスクが高まるのではないかということでした。そこでまず分教室の全教員を対象に、医療者側からBMTおよび感染予防の重要性について説明が行われました。教員たちは入室手順についてのビデオを見ながら、シミュレーションをしたり、手洗い指導を受けたりしました。

当時の手順について簡単に紹介すると、入室する教員はまず清潔なTシャツとズボンに着替え、靴下も履き替え、うがいをし、肘まで石鹸でしっかり手洗いした上で、移植部屋の手前の準備室にすすみます。そこでスリッパに履き替え、さらに手をアルコール消毒し、予防衣のガウン、ヘアキャップ、マスクを着用し、再度手指をアルコール消毒します。さらにゴム手袋を装着し、ようやく移植部屋のドアを開けて、子どものそばに行くことができるという流れでした。

メガネがずり落ちそうになったり鼻がむずがゆくなったりしても、顔へのタッチは厳禁です。なぜなら顔は洗っていないため不潔だからです。こうした手間のかかる手順をふんでも、子どものそばに行けることの喜びの方が何倍も大きかったのです。ただし感染症の研究がすすんだ今日、当時よりもだいぶ簡素化してよいことが明らかになってきました。

実際、教員が移植部屋に入室するようになって何度も清潔度検査が行われましたが、教員が入室しても部屋の清潔度は保てることが明らかになりました。また医療者側が予想していた以上に、子どもの拘禁ストレスが軽減され、回復が早まったといううれしい結果が得られました。このことによって、それ以降、在籍している子どものＢＭＴの際には教員が入室して学習に取り組むという状況が生み出されています。

以上の経過からも、医療との連携の上で、教員が病気・安全・感染予防について理解し、しっかりとした適切な対応をとることが、病院内教育実践の基盤であることが理解できるのではないでしょうか。

(2) 子ども理解を深める情報の共有化

次に大切なことは、情報を共有するなかで子ども理解が深まることです。ＢＭＴが行われることが決まると、教員は子どもや保護者、医療スタッフと相談しながら、移植部屋での過ごし方について話し合い、準備をすすめます。その際大切なことは、体調の良いときだけでなく、悪くなったときのことも想定して関わり方について相談しておくことです。

この治療が開始されてしばらくすると、ほとんどの子どもたちが口内炎や高熱に苦しめられます。子どもは不機嫌になったり、ストレスをぶつけてきたりすることもあります。Ｐａｒｔ１第３章序節で示した「子どもの心身の状態に合わせた学習のねらいと配慮事項（表1）の「調子が極度に悪い状態」での対応が必要になります。そのような状態のなかで、文字を見ることも、しゃべることも、話を聞くことも、うなずくことさえつらい時でも、教員にそばにいてほしいという子どもの思いが伝わってきたことがあります。子どもがウトウトしている状態が続いていたため教員が入室を控えたところ、後で来なかったことがわかって大泣きしたケースもありました。教員が傍にいることで、子どもは自分の存在を確かめ、安心感をもつことにつながることがあるのです。この時期の教員の大きな役割といえるでしょう。

いのちと向き合う子どもたちを支えるためには、それぞれの専門性を活かしたネットワーク、フットワーク、そしてチームワークが求められます。この三つをうまく機能させることがとりわけ大切なのです。それが実現できたとき、すばらしい子どもたちの笑顔を共有することができるのです。そのことこそ何にも勝る医療と教育の連携・協働によって創り出された宝物なのです。

（斉藤淑子・都留文科大学特任教授）

〈参考文献〉

・斉藤淑子他著（一九九九）「学びは生きる力—病棟の子どもたち—」『HANDICAP TOKYO』第5号 群青社
・斉藤淑子他著（一九九七）「重症児病室のなかでの学習保障 Mちゃんのコミュニケーション能力の形成と広がりを求めて」『障害者問題研究』第二五巻一号 全国障害者問題研究会出版部
・斉藤淑子（二〇一〇）「生存保障と病院内教育」『季刊 人間と教育』第六五号 旬報社
・中原さおり他五名（二〇〇八）「当院における長期入院・多剤耐性菌保菌学童に対する教育環境保全の取り組み」『日本小児外科学会雑誌』四四（1）、八六、二〇〇八特定非営利活動法人日本小児外科学会
・斉藤淑子（二〇一三）「子どもの緩和ケアにおける教育の役割—病院内教育実践を通して—」『保健の科学』第五五巻 第六号 杏林書院
・斉藤淑子（二〇一三）「「慢性の病い」を生きる子どもの学習の意味とあり方—病院内教育の実践から—」『臨床教育学研究』四一～四五 群青社

注1：日本では(一九九一)に骨髄移植推進財団による日本骨髄バンクJapan marrow donor program(JMDP)が設立され、HLA(ヒト白血球型抗原。白血球の血液型と言えるもの）が一致した非血縁者から骨髄を提供する制度が整備されてきた。

注2：狭い環境の中に閉じ込められることによって、身体的・精神的なストレス反応が出やすくなります。たとえば、眠れない、食物や唾液を呑み込めない、チックが出る、コミュニケーションが成立しなくなったりする等いろいろな症状が現れます。精神的にも不安定で、泣いたり、怒ったり、あるいは感情表現が乏しくなったり、闘病意欲を喪失してしまうこともあります。

3 小児慢性特定疾病に対する医療と家族支援

(1) 小児医療の現状

日本の新生児医療は飛躍的に進歩し、新生児死亡率や乳児死亡率の減少は、世界最高のレベルに達しています。一方で、ハイリスク妊娠や低出生体重児が増加しており、平成二二年以降、母体・胎児に対する医療、高度な新生児医療等の周産期医療体制が整備されてきました。新生児期から長期間の集中治療を受け、退院後にも医療ケアを行いながら成長する子どもの増加に伴い、学校看護師の配置を増やしていますが、平成二四年度からは、たんの吸引等の５つの特定行為に限り、研修を修了し、都道府県知事に認定された場合に教員等が「認定特定行為業務従事者」として、一定の条件の下で制度上実施できることになりました（文部科学省、二〇一九)。

二〇一七（平成二九）年の厚生労働省の調査によると、一四歳の入院患者の平均在院日数は7.4日と短縮傾向にありますが、小児慢性疾病には長期入院や入退院を繰り返す治療が必要な疾病が含まれます（厚生労働省、二〇一七)。全国で標準治療を受けながら成長発達することができるように医療の均てん化が図られていますが、小児慢性疾病には希少な疾患が多く、専門治療や研究の推進のためには入院小児医療提供体制の集約化が必要とされています。集約化をすることで治療研究がさらに促進し、かつそのような病院に高度医療を必要とする子どもを集めることで全ての子どもに質の高い医療の提供を図っていこうという考え方です。その結果、自宅から遠く離れた病院への入院や通院が必要となる場合があります。短期入院により、子どもが住み慣れた地域で家族と一緒に過ごす時間は増えますが、感染症予防や体力低下などにより地元の学校への登校が難しい状況が生じています。

平成二七年には児童福祉法改正とともに、小児慢性特定疾病にかかる医療費助成制度は義務的経費化され、令和元年には対象疾患が一六疾患群七六二疾病に拡充されました（小児慢性特定疾病情報センター、二〇一九）。そして、長期にわたり療養を必要とする児童等の健全な育成に係る施策の推進を図る「小児慢性特定疾病児童等自立支援事業」が開始されました。この事業には、学校生活などでの教育や社会性の涵養に遅れが生じ、自立を阻害されている児童等について、㈠長期入院等に伴う学習の遅れ等についての学習支援、㈡身体作り支援、㈢自立に向けた健康管理等の講習会、㈣コミュニケーション支援等が含まれています。

長期に継続される治療は、子どもの成長・発達に大きな影響を及ぼします。病気や治療についての理解は認知機能の発達により異なるため、年齢に応じた段階的な説明が必要です。慢性疾病をもつ子どもには、成長発達に伴い新たな治療が必要になる場合や周囲への説明が必要となるなど、学校生活のなかで様々な課題が生じます。成人期に至る過程で病気や治療について理解し、セルフケアを習得しながら、自分の健康に関心をもち管理する能力であるヘルスリテラシーの獲得につなげる支援が求められます。

小児慢性疾病をもつ子どもに対して、発達や心理状態の評価とそれに応じた支援が行なわれるかどうかが、治療や症状のコントロールへ影響を及ぼします。また、子どもの発達と復学後の学校生活への適応を促すために、病院の医療者と院内学級教員は入院時から復学に向けた支援を開始し、退院前には担当医や看護師、院内学級教員、復学する学校の教員等が一同に会して復学支援会議を行い、疾患・治療の説明や学校生活上の配慮事項について情報共有を行います。しかし近年、子どもの入院中の学習空白による学習の遅れや復学後の長期欠席、学校生活上の困難、心理的問題が報告されています。また、小児期に受けた集学的治療により晩期合併症が発症するリスクのある疾病もあり、継続した支援が求められますが、学校での支援が難しい状況が報告されています。このような

（表1）小児慢性特定疾病対策の対象疾患

小児慢性特定疾病にかかっている児童等について、健全育成の観点から、患児を養育する家庭の医療費の負担軽減を図るため、その医療費の自己負担分の一部が助成される。

疾患群	疾患分類
悪性新生物	白血病、リンパ腫、固形腫瘍（中枢神経系腫瘍を除く。）等
慢性腎疾患	ネフローゼ症候群、慢性糸球体腎炎等
慢性呼吸器疾患	気道狭窄、気管支喘息、慢性肺疾患等
慢性心疾患	心室中隔欠損症、ファロー（Fallot）四徴症等
内分泌疾患	下垂体機能低下症、成長ホルモン分泌不全性低身長症等
膠原病	膠原病疾患、血管炎症候群等
糖尿病	糖尿病
先天性代謝異常	アミノ酸代謝異常症、脂肪酸代謝異常症等
血液疾患	巨赤芽球性貧血、血小板減少性紫斑病等
免疫疾患	複合免疫不全症、慢性活動性EBウイルス感染症等
神経・筋疾患	脊髄髄膜瘤、脳形成障害、脳動静脈奇形等
慢性消化器疾患	短腸症、ヒルシュスプルング（Hirschsprung）病及び類縁疾患等
染色体又は遺伝子に変化を伴う症候群	染色体又は遺伝子に変化を伴う症候群
皮膚疾患	先天性魚鱗癬、色素性乾皮症等
骨系統疾患	胸郭不全症候群、骨系統疾患
脈管系疾患	脈管奇形、遺伝性出血性末梢血管拡張症等

（文献6を参考に筆者作成）

現状から、医療福祉・教育に関わる多職種による長期フォローアップや成人移行期支援、ピアサポートや地域のボランティア団体等が参画した包括的な支援が必要とされています（詳細は参考文献3～5参照）。

(2) 高度小児専門医療施設と生活環境の種類

小児慢性疾病の治療の多くは、高度小児専門医療施設で行われます。入院する子どもの生活環境には、「小児病棟」として0～15歳の子どもを対象に複数の診療科が診療する病棟、該当する疾患を診療する成人診療科の病棟、小児専門病院内の各診療部門の病棟があります。病院により院内学級の設置状況や子どもの入院生活、関わる多職種が異なります。保護者の面会は可能ですが、多くの病棟では感染症予防のために中学生以下のきょうだいの面会は制限されています。

子どもの心理状態の安定や良好な発達には、入院中の保育や教育が不可欠です。治療方針や日々の治療・心身の状況、保護者の意向などを医師、看護師、保育士、教員、心理士、理学療法士などの多職種が情報共有を行い、カンファレンスで支援の方針を検討し、同じ目標に向けて専門性を発揮した支援を行います。

① 小児内科病棟

乳児期から思春期までの内科的な疾患の治療を受ける子どもが入院しています。小児の専門医療施設では、さらに疾患別や発達段階別に病棟が分かれる場合もあります。2―6人程度の大部屋や個室の病室があり、併設されたプレイルームや特別支援学級の教室で、保育や教育が実施されている病棟があります。子どもが治療や身体の状況により、生活範囲がベッド上に制限される場合には、ベッドサイドで保育や授業を行うなどの配慮がなされています。輸液ポンプや呼吸器など医療機器の使用や化学療法や心不全治療など治療による心身への影響、入院期間もさまざまであり、個別性を考慮した保育や学習環境の提供が必要とされます。

②小児外科病棟

手術等の外科的治療を受ける子どもが入院しています。小児期の手術を必要とする異なる疾患の子どもが入院していることもあり、回復すると内科病棟へ移動したり、退院します。手術前から手術後の身体の状態が安定するまでの時期にある子どもが生活しており、手術部位や手術後の経過により、医療機器の使用や安静度、入院期間は異なるため、個別の状態に応じた保育や教育が求められます。

子どもは手術による不安や苦痛を体験し、家族は手術や手術後の回復および生活に対する不安を抱えるため、身体的・心理的苦痛を緩和するケアが重要です。このような子どもや家族への保育士や教員の関わりには、手術への心的準備や気分転換を促す関わりが期待されます。

③新生児集中治療管理室（ＮＩＣＵ）

低出生体重児や先天性疾患をもつ新生児の治療を行います。子どもは医療機器に囲まれた保育器の中で、体重が増加して未熟な状態の臓器や機能が発達し、保育器から出て体外の環境に適応できるまで過ごしています。親以外には面会制限があり、母親は出産後早期から子どもと離れ、産後の身体が十分に回復しない時期から毎日面会へ通います。１０００ｇ未満の超低出生体重児が増加しており、このような新生児が半年以上の長期入院を要する場合もあり、ストレスとなる刺激を最小限にして神経生理的発達を促す「ディベロップメンタルケア」や親子の愛着形成を促す支援が行われます。

④小児集中治療管理室（ＰＩＣＵ）

救急搬送や手術後の集中治療を必要とする子どもを集めて集中治療を行う場です。広いフロア内に複数のベッドが並び、呼吸器、心電図モニター、点滴などの医療機器に囲まれたベッド上で、子どもは苦痛や安静度の制限がある状況で一日を過ごしています。家族は、子どもの生命予後への不安を抱えながら面会に通っており、子どもと家族への心理的支援の必要性が高い状況と言えます。また、子どもの発達段階に応じた説明とケアが必要であり、複数の診療科の医師や看護師、理学療法士、臨床工学技士、心理士などの多職種が連携して支援を行います。

⑤混合病棟

さまざまな理由で、成人病棟に入院する子どもがいます。この場合、同年代の子ども同士の交流が制限され、プレイルームや院内学級が併設されていないなど、発達段階に適した生活環境を十分に提供することができない状況が生じます。また、親同士の育児や教育に関する情報交換の機会も限られます。保育や学習環境の提供とともに、同年代同士が関わる機会や家族への情報提供が求められます。

⑥外来

自宅で生活しながら、定期的な診察や治療が必要な子ども、治療終了後のフォローアップを受ける子どもが通院しています。小児慢性疾病では、成人期まで診察を継続する場合もあります。外来通院のために、学校の遅刻・早退、欠席が必要とされる場合には配慮が求められます。また、慢性疾病をもちながら成人する子どもに対する「成人移行期医療支援」が行われますが、現状では、病態や合併症などにより一五歳以降に、(1)完全に成人診療科へ移行する疾患、(2)小児科と成人診療科の両方にかかる疾患、(3)小児科に継続して受診する疾患に分かれています（日本小児科学会小児医療委員会、二〇一三）。フォローアップ外来では発達や学校生活、進路選択に問題が生じていないかを定期的に情報収集を行い、ニーズに応じた支援を行います。

(3) 家族の心理と支援

① 親の心理

子どもが重大な病気と診断されることで、親は衝撃を受けます。Drotar, et al.（一九七五）により、先天性奇形をもつ子どもの誕生に対する親の反応は、ショック、否認、悲しみと怒り、適応、再起の五段階の過程をたどるという考え方（図2）が提唱されています。また、慢性的な疾患や障害のような終結することがない状況では悲嘆が常に存在し、就学などの子どもが迎える新たな出来事がストレスとして働き、悲嘆を再燃させるという指摘もあります。

親は、診断、難しい治療、成長発達、就学、将来や予後などについ

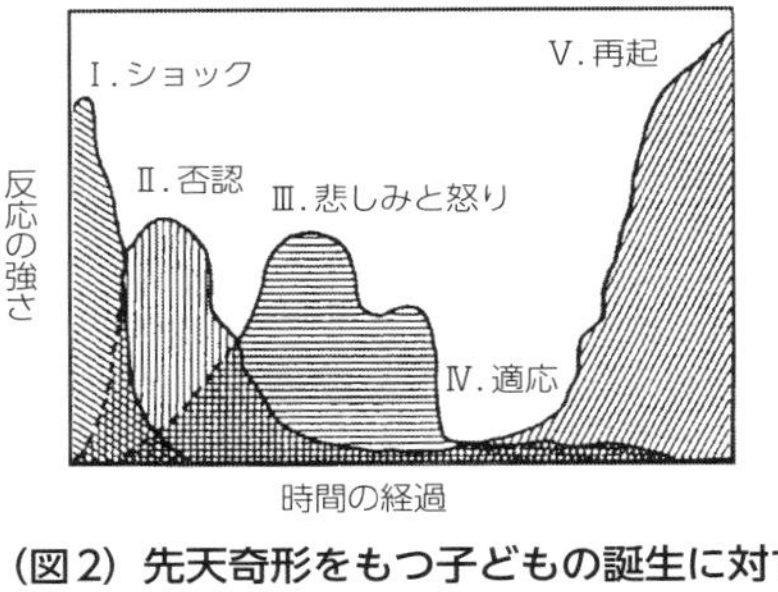

（図2）先天奇形をもつ子どもの誕生に対する正常な親の反応の継起を示す仮説的な図

出典：中田洋二郎　親の障害の認識と受容に関する考察-受容の段階説と慢性的悲哀（1995）より引用

て悩み、自責の念を抱えることが指摘されています。さらに家族の生活の維持、健康なきょうだいの世話などの複雑な状況でストレスが加わり、不安や抑うつなどの心理的危機に陥ることがあります。また、両親の間で意見が相違することもあります。家族の心理（表2）を理解し、パートナシップに基づく信頼関係の構築と支援が求められます。

保育士や教員は、親が子どもの成長発達や心理、生活について相談できる存在です。治療開始時から、疾患に関連する発達や学習面、進路選択など将来への悩みや不安を傾聴し、必要な支援や情報提供を行い、両親が話し合い、意思決定できるように支援を行います。

②きょうだいの心理

きょうだいは、疾病の治療を受ける子どもに注目が集まることで、不安や嫉妬、罪悪感、怒りなどの感情をもつと指摘されています。季節のイベントや、家族や友だちと過ごす楽しい時間の減少や、家族との分離等という環境的・社会的影響やそれに起因する心理的な影響を受けます。きょうだいに対しても発達段階に応じた説明を行い、親や患児との関係性の維持や心理面への支援が必要とされています。

保育士や教員は、親に子どもの発達段階に適した説明の仕方について情報提供し、きょうだいの心理に配慮して関わることが望まれます。

（表2）小児がんの告知を受けた家族の心理

①告知時の家族はショックを受け、混乱したり、説明の内容を否定したりさまざまな反応を示す。
②次に、悲しみに陥り、精神身体症状が出現することがある。
③さらに、受け入れられない運命に対する怒りの感情が起きる。怒りは、家族メンバーや子ども、医療チームへ向けられることがある。

出典：小児がん看護ケアガイドライン2008より引用

③ 生活の変化と役割調整

多くの場合、母親は、病院への面会や付き添いと、家事やきょうだいの育児を両立し、父親は仕事を継続しながら母親をサポートしています。家族には今までの生活を変えて、新たな役割を果たす必要性が生じます。役割調整ができなければ、家族の生活の維持が難しく、心身のストレスは増大します。自宅から離れた病院へ入院する場合には、家族が離れて二重生活をしたり、転居して生活することになります。きょうだいは、予期せずに親戚へ預けられたり、留守番や手伝いなどを任せられることもあります。ソーシャルサポートの活用を促し、家族の役割調整がうまくできるための支援が必要です。

④ 育児支援

子どもが疾病を発症することは、親子の関係性にも影響を及ぼします。親には、治療によって生じた医療ケアの習得や育児方法の変更が求められることもあります。保育士や教員には、親が実施していたケアを子ども主体のセルフケアへ移行していく際、発達理論にもとづいた知識を提供し、親自身が親役割の変容の必要性に気づけるように関わることが求められます。

（永吉美智枝・東京慈恵会医科大学医学部看護学科准教授）

(4) 家族支援

① 家族支援の考え方

慢性疾患をもつ子どもの家族が、さまざまな問題に対処し、闘病生活に対応するために保護者と教員と医療者のみならず、闘病に関わる関係者が連携していくことが大切です。

●家族中心の支援

家族は病気の子どもにとって最も気持ちを理解してほしい存在であり、子どもにとっての安全基地といえます。その安心感が発達を促す土台となります。

支援者は、子どもを中心として、家族のニーズとその優先順位について家族と十分に話し合い、家族が望ましい意思決定をして行動できるように支援します。子どもの闘病を支える家族も支援の対象です。

苦しい治療は、病気の子どもを孤独にさせます。その思いは怒りや緘黙、甘えなどさまざまな形で表出され、それを支える家族は時に多大なエネルギーを必要とします。また同時に子どもは、家族に迷惑をかけているという罪悪感をもち、家族には言えずに苦しむこともあります。そうした、家族に言えないことを聞き取る支援者も必要です。同時に、支える家族の混乱を理解し、整理する支援も必要になります。

●情緒的サポート

支援者は、問題点を指摘し、無理に正そうとするのではなく、家族の努力を認め、できている部分（強み）を見つけ出し、ポジティブフィードバックをすることで、家族の自尊感情や自己効力感を高め、力を引き出します。

また、特に母親は子どもの病気について自責の念を抱くことが多く、しかも口に出すことができない場合も少なくありません。加えて、子どもの病気は家族関係のバランスを崩してしまうことも多く、看護する母親一人で問題を背負い込みがちです。そうした追い詰められた状況をまず理解した上で、ねぎらい、段階を踏んで抱える問題を整理していくことが援助者には求められます。また、治療の進行や病状によって、家族の気持ちがジェットコースターのように急激に変化していくことも、当然あり得ることとして受けとめることが大切です。

●家族のエンパワーメント

家族は、病気の子どもの発達や学習の遅れについても不安を抱えます。また、治療方法の選択、成長・発達にあわせた子どもへ病気の説明、セルフケアの自立を促す過程、残された時間の過ごし方について等、多くの悩みや葛藤が生じます。家族の思いを傾聴し、共感的に理解し、受容する姿勢が大切です。家族が想いを表出できる関係性をつくることで、多くの情報を得られ、家族が自らの力を発揮できる効果的な支援につながります。

特に長期にわたる治療をしている子どもの家族は、自分たちの疲れを自覚できない状況にある場合があります。また、「自分たちだけがなぜ」という思いからも抜け出せない、あるいは「疲労からエネルギーが枯渇してしまってSOSが出せない」という場合もあります。母親が一人の時間を持てていない場合、母子を分離し、母親が一人になれる時間を作り、十分な休養、気分転換をもてるようにすることも必要です。可能であれば、話ができる同じ境遇の人や信頼しているサポーターに会い「自分はひとりではない」という思いになれるような環境をもてるようにすることも効果的です（Part 1 第4章第3節における「ボランティアによる家族支援」に詳述）。

②多様な立場の支援者の協働

家族が必要な社会資源を活用できるように、ニーズに合った専門職に関する情報を提供することが重要です。高度専門医療を受ける子どもと家族の身体・心理・社会的な複雑な問題へ対応するためには、多様な専門職が協働し、同じ目的に向けて専門性を活かして協力することが求められています。

具体的には、医療保育士、CLS（チャイルドライフ・スペシャリスト）、教師、医師、看護師、保健師、助産師、ソーシャルワーカー、臨床心理士、児童福祉司などの職種が連携しています。

（植田洋子・認定NPO法人ファミリーハウス事務局長）

〈参考文献〉

(1)文部科学省（二〇一九）「学校における医療的ケアの今後の対応について」（https://www.mext.go.jp/a_menu/shotou/tokubetu/material/__icsFiles/afieldfile/2019/03/22/1414596_001_1.pdf）

(2)厚生労働省（二〇一九）「平成二九年（二〇一七）患者調査の概要：傷病分類別にみた年齢階級別退院患者平均在院日数」厚生労働省（https://www.mhlw.go.jp/toukei/saikin/hw/kanja/17/dl/kanja.pdf）

(3)独立行政法人国立特別支援教育総合研究所（二〇一六）「小児がん患者の医療、教育、福祉の総合的な支援に関する研究」※サイトのURL

(4)厚生労働省（二〇一九）「小児慢性特定疾病児童等自立支援事業実施要綱」厚生労働省（https://www.hm-ped-clinic.com/pdf/links180122.pdf）

(5)社会保障審議会児童部会 小児慢性特定疾患児への支援の在り方に関する専門委員会（二〇一三）「慢性疾患を抱える子どもとその家族への支援の在り方（報告）」（https://www.mhlw.go.jp/file/05-Shingikai-12601000-Seisakutoukatsukan-Sanjikanshitsu_Shakaihoshoutantou/0000032599.pdf）

(6)小児慢性特定疾病情報センター（二〇一九）「疾患群別一覧」（https://www.shouman.jp/disease/html/contents/diseaselist w kokuji.pdf）

(7)日本小児科学会 日本小児科学会小児医療委員会（二〇一三）「小児期発症疾患を有する患者の移行期医療に関する提言」（http://www.jpeds.or.jp/uploads/files/ikouki2013_12.pdf）

(8)Drotar,D.; Baskiwicz,A.（1975）"Irvin,N.et al.The adaptation of parents to the birth of an infant with a congenital malformation: A hypothetical model. Pediatrics",Vol.56,p710～717

(9)中田洋二郎（一九九五）「親の障害の認識と受容に関する考察　受容の段階説と慢性的悲哀」早稲田心理学年報　第27巻　83～92頁

Part 3
病気の子どもの教育の現代的課題

第1章 歴史的変遷と現代の特徴

近年では「虚弱」という表記をすることが少なくなってきていますが、本章では歴史上、当時の表記および参考文献の表記に従い「虚弱」という表記を用いることにします。

1 病弱教育の歴史的変遷

(1) 世界の病弱・身体虚弱教育の始まり

デンマーク（一八五三年）身体虚弱児を対象とし、コペンハーゲン郊外で休暇を活用した戸外での集団活動が行われました。

スイス（一八七六年）休暇を利用した虚弱児童の団体教育の開始

ドイツ（一九〇二年）ベルリンに結核児・虚弱児のための林間学校設置。ベルリン市郊外に養護学校に相当する林間学校設置

イギリス（一九〇四年）虚弱児対象の開放学校を設置
アメリカ（一九〇八年）ロードアイランドのプロビデンスに養護学校設置

(2) 日本の病弱・身体虚弱教育の始まりから終戦まで

わが国の病弱・身体虚弱教育の歴史は、一八八〇年代の初めに脚気の生徒に対して分校方式で教育を行ったのが始まりといわれています。

一八八〇（明治二二）年、三重尋常師範学校で病弱教育は開始され、一一六名中七十余名が脚気病で、転地して教育が行なわれ、成果をあげたといわれています。その後、伝染病あるいは身体虚弱を対象とした病弱虚弱教育が実施されてきました。明治の後半から第二次世界大戦中は病虚弱児を対象とした学級が全国的に増加しています。

東京の例で見ると次のようになっています。

東京市養育院の転地療養教育と神田区（現千代田区）内小学校が、一九〇〇（明治三三）年に健康増進の対策として休暇集落を実施したのが最初です。その後一九一一（明治四四）年までに、四谷区（現新宿区）、下谷区（現新宿区）、本郷区（現文京区）などにより、夏期休暇集落が設置され、そこで病弱教育が実施されるようになりました。さらに大正から昭和にかけては、千葉県、静岡県、長野県などに臨海学園・林間学園が次々と設置されました。

特に一九二二（大正一一）年以降の東京の養護学級増加の様子を示したのが図１です。これだけ急激に増えたのは、当時、結核の蔓延による死亡者の増加が深刻な問題としてあり、丈夫な兵隊を多数必要とした戦時体制との関係と考えられます。第二次世界大戦後半になると、これらの学級や転地療養型の健康学園等は、疎開児童の受け入れに転用されたり休園に追い込まれました。

(3) 戦後の病弱教育

第二次大戦後、新憲法・教育基本法・学校教育法などが制定され、わが国の教育制度は大きく変わり、学校教育法で「病弱教育」は特殊教育（現在の特別支援教育）の一部に位置づけられました。

第二次世界大戦が終結すると、転用されたり休園に追い込まれた病弱児の施設は、おもに結核性疾患や栄養障害の児童を対象として、いち早く再開されました。

一九五〇年代からは結核性疾患で病院や療養所で長期に療養している児童生徒のために、病院内に学級が開設されるようになりました。これが今日の病弱特別支援学校の前身となりました。

一九六〇年代後半になると医療の進歩で結核性疾患は急速に減少し、かわって心臓病や腎臓病などの一般慢性疾患が増え、対象児の病気は多様化してきました。さらに、一九八〇（昭和五〇）年代後半になると、心身症や精神神経疾患が増えてきて、現在に至っています。

（図1）戦前東京の養護学級設置校数推移　1922年～1940年間

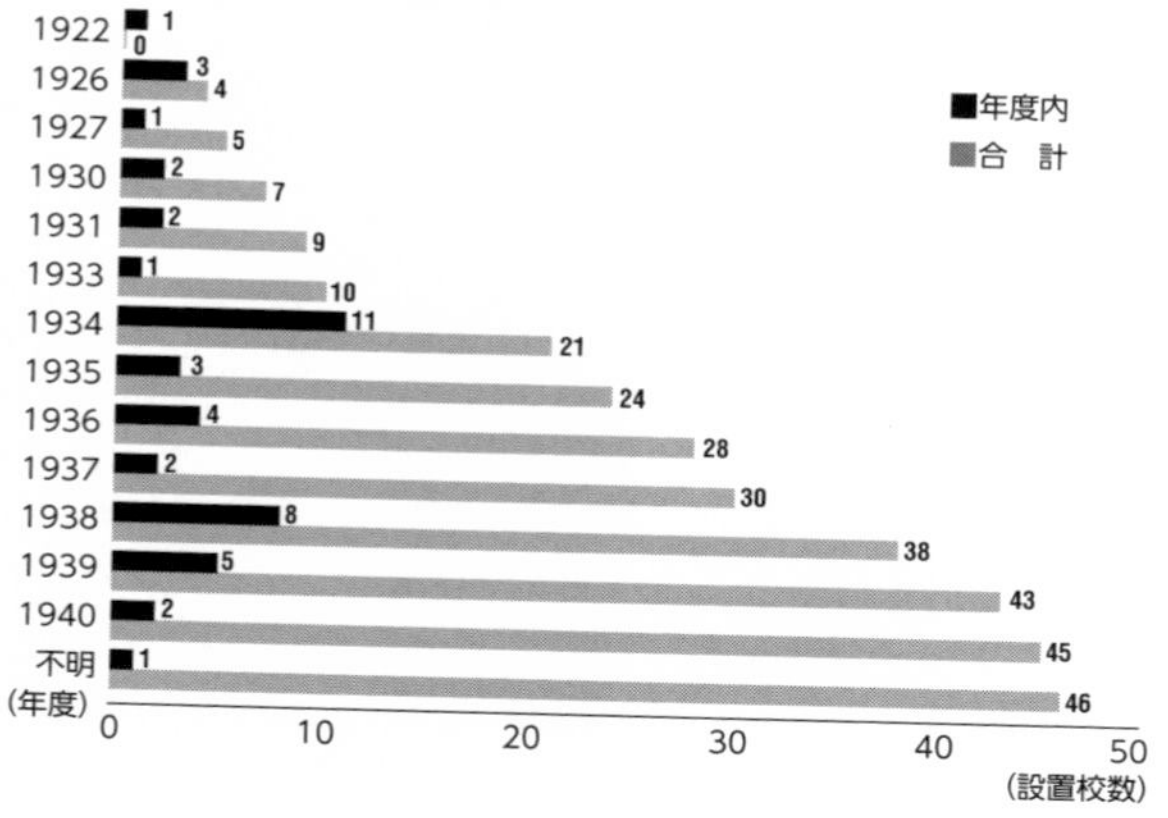

一九七九年に養護学校の義務制が実施され、すべての障がい児の就学が制度的に保障されるようになりました。ところが病弱教育においては、実質的に教育が受けられないまま放置された例が少なくありませんでした。

病弱教育が対象とする病気は、重症心身障がいのようにほぼ病状が固定化されているものや、病状が大きく変化するもの、また進行性で病状がしだいに重症化していくもの、何度も同じ病気が再発するものなど、状態がさまざまです。そこで病弱教育の対象とされる児童は入院期間が六か月以上と、学校教育法施行令二二条の三に定められました。

しかし、しだいに医療の進歩と考え方、制度の変化により、入院期間は短縮されてきて、入院期間六か月以上を対象とするというのは実情に合わなくなりました。とくにそれは一九九〇年代初めに顕著になり、二〇〇二年に同施行令二二条の三の改定がなされ、現在では一、二週間の入院でも院内学級や特別支援学校での教育の対象として認められ、実施されるようになってきています。

紙面の都合で病弱教育の歴史については簡単にしか述べられませんでしたので、詳しくは次の資料を参考にしてください。

（鈴木茂・元特別支援学校長）

・「日本病弱教育史」全国病弱虚弱教育連盟（一九九〇）
・「障害者問題研究」六九号全国障害者問題研究会（一九九二）七四号（一九九三）
・「育療」七号日本育療学会（一九九七）25号（二〇〇二）三四号（二〇〇六）38号（二〇〇七）50号（二〇一一）
・「養護教育六十年」下田巧著（一九八七）
・「特別なニーズと教育改革」特別なニーズ教育とインテグレーション学会（二〇〇二）

・「SNEジャーナル」特別なニーズ教育とインテグレーション学会 Vol.8（二〇〇二年）、Vol.9（二〇〇三年）

2 二〇〇〇年以降の病弱教育システムの特徴と課題

(1)「特殊教育」から「特別支援教育」への制度改正と病弱教育

二〇〇〇年以降の病弱教育は、それまでの教育課題への解決に向けた取り組みを継続する一方で、特別支援教育へと制度改定が行われたことに伴い変化してきました（具体的には、次節参照）。特に、二〇〇六（平成一八）年一二月に国連で「障害者の権利に関する条約」が採択された後、日本においてもインクルーシブ教育を推進するべくさまざまな施策が出されましたが、病弱教育においても、そうした動向に影響を受けています。

たとえば、二〇一二年（平成二四）年七月に「共生社会の形成に向けたインクルーシブ教育システムの構築のための特別支援教育の推進」（中央教育審議会初等中等教育分科会報告）が出され、「早期からの教育相談・支援の充実」や「柔軟に転学できるようにするなど、学びの場を固定的にとらえない」ことなど、「就学相談・就学先決定の在り方」が見直されました。また、障害のある子どもが、他の子どもと平等に「教育を受ける権利」を享有・行使できるようにするために「合理的配慮」や「基礎的環境整備」を充実させることが求められました。もちろん、こうした実践を通常の学校においても実践していくことができるように、すべての学校の教職員の専門性向上なども求められています。この報告が出された後、国立特別支援教育総合研究所などで、インクルーシブ教育に関する実践研究がすすめられ、病弱教育についても合理的配慮の実践例が積み重なっています（インクルーシブ教育システム構築支援データベース（インクルＤＢ）nise.go.jpなどを参照）。

また、近年、病弱教育においては、在宅医療の進歩など、医療面の変化に伴い、病弱特別支援学校は入院日数が数日の子どもでも対応しています。さらに、自宅からの通学生を多く受け入れるなど、多様な教育が展開されています（図１）。こうしたなかで、病弱教育は、通常の学校とますます連携を強めて教育を展開していくことが求められています。

(2) 特別支援教育への制度改定と特別支援学校の改編

① 特別支援学校の設置形態の変化

二〇〇〇年以降にすすめられた特別支援教育への制度改定は、病弱特別支援学校の設置・運営に影響を与えています。

具体的には、これまで障がい種別に設置されていた養護学校が、特別支援学校へ改編されたことを受けて、複数の障がいを対象とする特別支援学校が増えました（図２参照）。特別支援教育への制度改正は、もともと在籍児童生徒の障

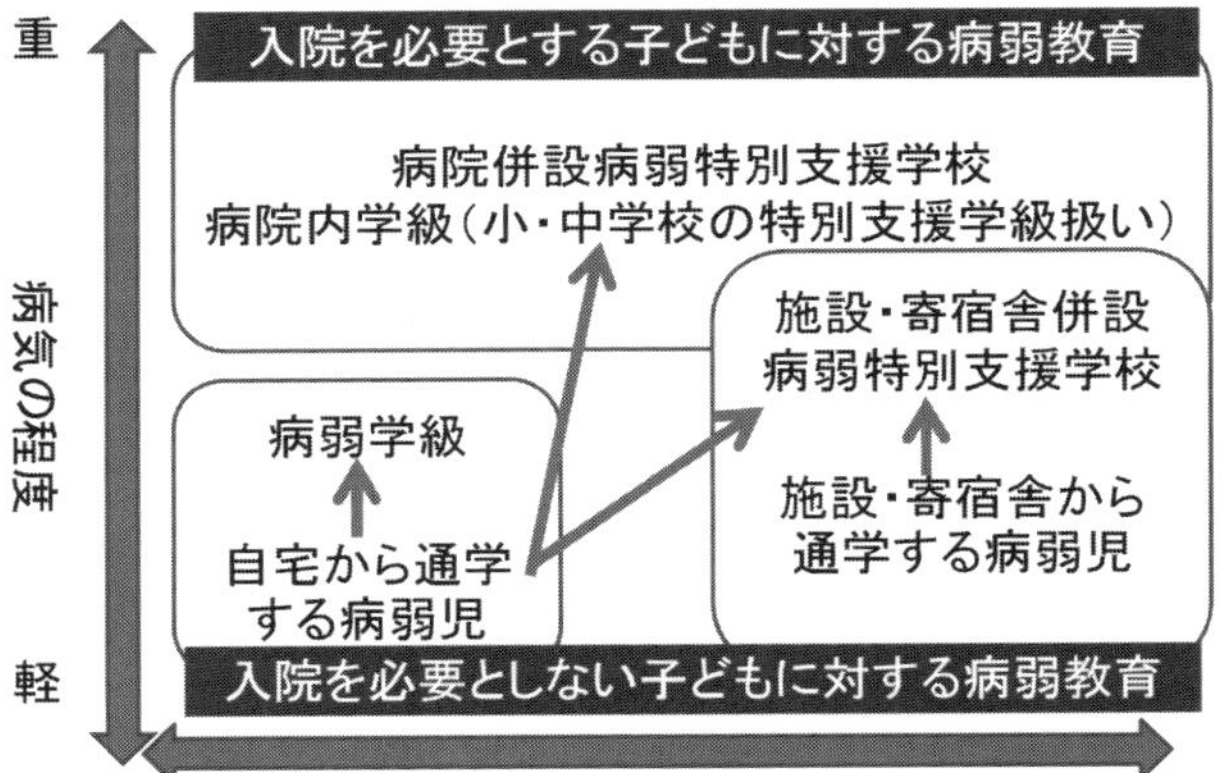

（図１）病弱教育の場と病気の程度・入院期間

がいが重複している子どもが多くなっていることなどに対応するため、障がい種別の専門性を維持しつつも、子ども一人ひとりの特別な教育的ニーズに応えられる教育にすることが目的の一つでした。これは、多様な子どもに対応することで教員の専門性が広がることが期待される一方で、単一の障がいだけを受け入れていたときよりも、専門性が低下する恐れもあります。たとえば、二〇〇人の在籍児童生徒のうち、肢体不自由部門の子どもが一五〇名で、病弱部門の子どもが五〇名というような構成比率で特別支援学校が運営されていた場合、単純に考えると学校で用意される教員研修の三分の二は肢体不自由児の内容となる可能性があります。また、教員の専門性のみならず、複数の障がい種別を受け入れる特別支援学校を設置した場合、マイノリティである病弱児の教育に施設・設備を十分に配分されるのかといった根本的な懸念も出されています。

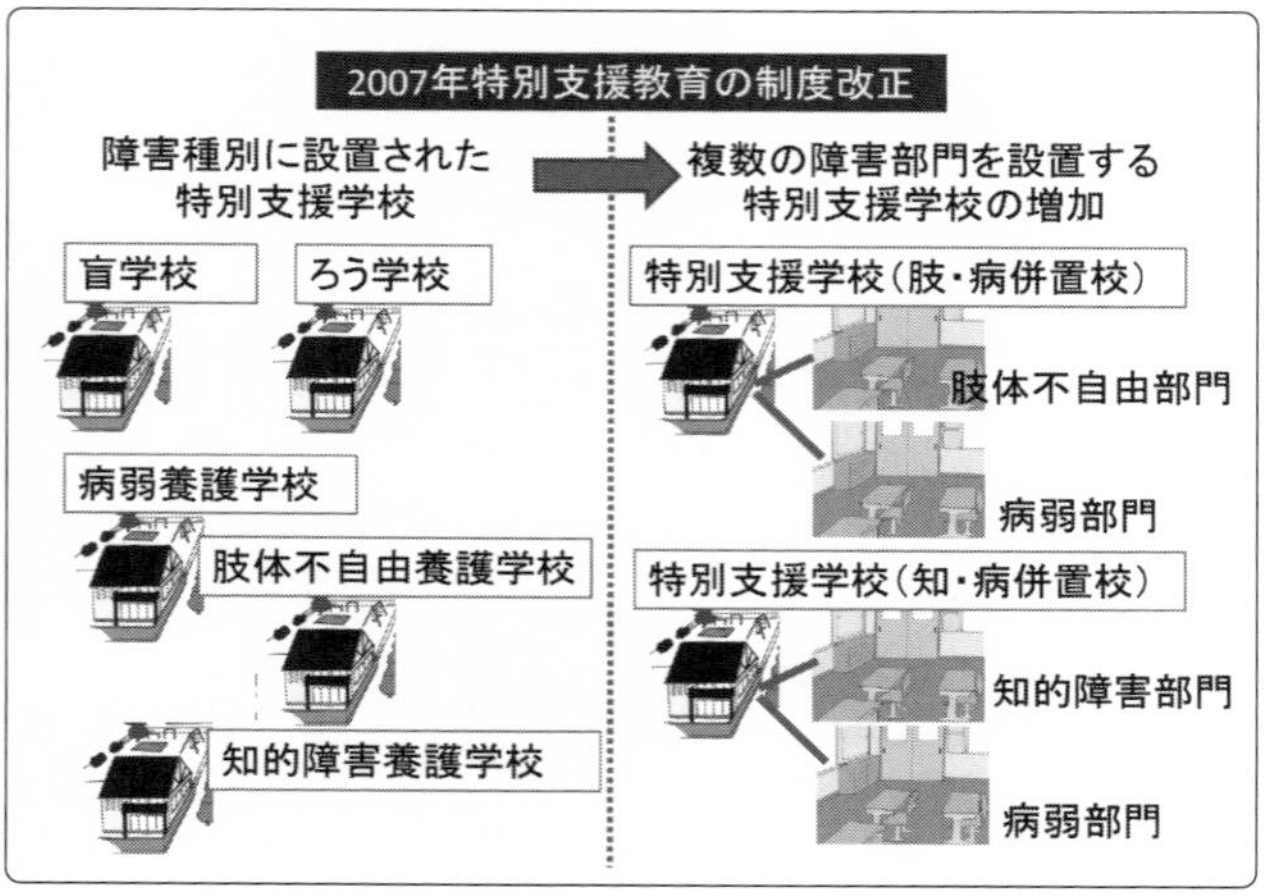

（図２）特別支援学校の設置形態

② 特別支援学校免許状の改正

加えて、特別支援学校の教員免許状も大幅に改正されました。すなわち、それまで障がい児教育に関する教員免許状は、「盲学校」「ろう学校」「養護学校」の三種類の免許状が用意されていましたが、特別支援教育に制度改正されたのち、この三種類の免許状が「特別支援学校免許状」に一本化されました。そして、特別支援学校免許状を取得する過程で、障がい種別に「教育課程・指導法」と「心理・生理」を学び、それを「専門領域」として付加していく方式が採用されました（図2参照）。

これにより、病弱教育に関していえば、特別支援学校教員免許状取得の過程で必ず病弱教育に関する講義を受けることが義務化されました。また、教員養成系の各大学では、「病弱領域」を修めるために「病弱児の指導法」や「病弱児の生理」などの講義が立てられるようになり、養護学校教員免許状を出していたころに比べると病弱教育関係の講義は多くなりました。

ただし、病弱領域を修めるために必須とされている「教育課程・指導法」の講義は二単位以上、「心理・生理」の講義は一単位以上で、合わせて三単位で病弱領域を習得することができます（原則として九〇分の講義を一五回受けると二単位取得できます）〈注2〉。特別支援学校の免許状を取得する過程で、これだけの講義を受けただけで果たして病弱教育の専門性が身につけられるのかと考えると、かなり無理があると言わざるを得ません。そのため、病弱教育の分野で活動する教員は、現職での研修を重ねていくことが必要です。

③院内学級への教員派遣システムの課題

病院内で病弱教育を提供する方法として、特別支援学校（分校や分教室を含む）が設置されている場合と、小・中学校の特別支援学級扱いとして病院内学級が設置されている場合があります。前者は数十名単位の子どもがコンスタントに入院する比較的規模の大きい小児病棟のある病院に設置されていることが多く、後者は特別支援学校よりも小規模の場合が多いと考えられます。

また、小・中学校の特別支援学級扱いとして病院内学級が設置されている場合には、病院内学級を設置している学校（近くの小・中学校のケースが多いです）から教員が派遣されてきます。この教員は小・中学校の校内人事で誰を派遣するかが決まるので、必ずしも特別支援学校の教員免許状をもっている人ばかりではありません。力量のある教員が派遣されている場合であっても、病院内学級に勤務するようになってから特別支援教育の基礎的な研修を受講しているという実情があります。

以上のような点からも、病弱教育については現職教育の充実がきわめて重要であると言えます。特に、制度面から実践面までを総合的に学べる研修講座を各地で定期的に開催することが課題であると考えます。

(3) 制度の谷間にある病弱児に対する教育保障の課題

① 病弱教育を提供している病院の偏在

子どもが入院を必要とする病気になったとき、主治医のいる病院に入院をすることが多いのではないでしょうか。中には入院が長期にわたる可能性があるということで、病弱教育を提供してくれる病院を選んで入院する子どももいるかもしれませんが、入院の目的の第一義は、教育を受けることではなく病気を治すことですので、医療の面が優先されてしかるべきでしょう。

このように考えると、子どもが入院する可能性の高い病院には、病弱教育を提供することができるように各自治体が整備することが必要となります。しかし実際には入院している子どものうち、ごく一部の子どもしか病弱教育を利用できていないのが現実です。それは、病弱特別支援学校や病院内学級が大病院に偏在しているからです。
行政的に考えれば、小さな病院で一時期しか入院する子どもがいないところに常時教員を配置することは難しいかもしれません。しかし市町村や都道府県など、ある一定の地域を一つの単位とし、教育委員会が病院に派遣する教員をプールしておいて、小さな病院であっても入院児がいるところには教員を派遣するシステムを作るなど〈注3〉、柔軟なシステムを構築することが必要であると考えます。

②ICT機器を活用した教育の可能性

ICT機器は病室と教室をつなぐ重要なツールになります。病弱教育では，政府がGIGAスクール構想を立ち上げるずっと以前から、一部ではありますが、テレビ会議システムを用いた同時双方向のオンライン授業が行っていた自治体、院内学級があります。まだ全てではありませんが、近年のWiFi環境の整備やタブレット端末の普及により，病室にいる子どもたちが外部の人や教室と接続できる機会は大きく増えてきています。こうした情報技術の発展は，小規模病院などのために病弱特別支援学校を設置することができないところに入院している病気の子どもたちの教育の機会を拡充するきっかけとなるかもしれません。

（新井英靖・茨城大学教授）

③ICT機器を活用した教育実践

●遠隔授業――学びたい願いを大切に

近年、医療の進歩で子どもたちの入院する期間が短くなっていますが、「一週間は抗がん剤の投与のため入院、次の一週間は自宅で療養する」というサイクルを繰り返す子どもにも多く出会ってきました。入院中は抗がん剤の投与を受け、吐き気や倦怠感などの強い副作用のため授業を受けることができないことも多いです。自宅での療養中は感染予防のため、これまで通っていた地元の学校にも登校することができません。十分な時数の授業をなかなか受けられないということが、入院中の子どもや保護者の悩みであり、病弱教育の大きな課題の一つです。

そこで、私たちは子どもの自宅療養中にweb会議システム「Zoom」を使って、遠隔での授業を行いました。「Zoom」は子どもでも簡単に接続できます。ICT機器を活用することによって、毎日自宅に授業を届けることができ、「学びたい」という子どもの願いをかなえることができました。「Zoom」の「画面共有」の機能を使うと、授業の説明資料を子どものタブレット上に届けることができ、子どもは資料を見ながら先生の説明を聞くことができます。逆に子どもが質問をすることもできます。双方向でお互いが対話をしながらの授業となりました。

遠隔授業はただ単に学習の遅れを取り戻す目的で行うだけでなく、朝起きてご飯を食べて着替えてから「Zoom」での学習をするという、子どもにとって一日の生活リズムをつけるのにとても役立つことがわかりました。

●「Zoomを使ったクイズ大会」——楽しさ・悔しさもICT活用で

「Zoom」を使って、病気と闘う入院中の子どもたち同士で「クイズ大会」も行いました。ただの「クイズ大会」なのですが問題作成がミソで、「小学一年生でも理解できる問題で、中学三年生でも頭を悩ませる」というのが条件です。例えばAさんはインターネットの力を借りながら、「アイスクリームには消費期限がある。〇か×か」という質問をみんなに出していました（ちなみに答えは×）。子どもたちがクイズの問題を出し合う中で、楽しいひと時を過ごすことができました。悔しがっていた子どももいました。インターネットを使えば、楽しさだけでなく悔しさまでも病院の個室にまで届けることができます。

●クラスの授業を病室でも――離れた場所でもメッセージが届く

入院中の子どもと前籍校のクラスを「Ｚｏｏｍ」でつなぎ、一緒に授業を受けるという取り組みも有効です。一緒に同じ授業を受け、前籍校の友達から「退院したら、安心して学校に戻っておいで」「待っています」というメッセージを病室に届けてもらうことは、子どもの「所属欲求」の充足や、復学したいという元気につながることがあります。授業をＶＲカメラで撮影し、その動画を病室で見る取り組みも行いました。教室や友達、掲示物など、授業やクラスの雰囲気が３６０度でリアルにわかり、好評でした。

●ＩＣＴ機器の活用で大切にしたいこと

新型コロナウイルス感染症対策で教育のＩＣＴ化がさかんに叫ばれるようになりました。「ＧＩＧＡスクール構想」で全国の子どもたち一人ひとりにタブレット端末が配布されるようになり、学校が臨時休校の時は、自宅で学習することが想定されています。しかし、これらＩＣＴ機器を国語や算数のドリル学習だけに用いたり、配信される授業を一方的に聞いたりするだけでは、教育としては不十分です。「子どもが友達や先生と関わりながら学び発達する」「心と体の健康を見守り、安全を保障する」ということが学校の持つ役割であることを忘れてはなりません。

ＩＣＴの活用は院内学級等での対面授業の代替ではなく、入院前まで育まれてきた豊かな人間関係を取り戻し、「子どもと子ども、教師と子どもがつながって学ぶ」ツールとして活用することが大切であると考えます。さらにこれまでに無かった新たなつながりを作っていくためのツールとしても（地元校だけではなく、同じ病院でも他の病棟にいて会うことが難しい子どもと授業やレクリエーション活動でつながる等）、様々な可能性をもっていると思います。子ども自身にとって支援の選択肢が増えることは、個々の子どもの特性やニーズに応じた支援をおこなっていくという考え方と合致し、とても重要なことと考えます。

（橋岡正樹・特別支援学校教諭）

④高等学校段階の病気の子どもの教育の課題

高校生に対する病弱教育については、制度的な課題が山積しています。病弱特別支援学校の多くに高等部が設置されていますが、小・中学生のように入院している時期だけ学籍を特別支援学校に移して病院内で教育を受けるということが、高校生は難しい場合があります。

それは、高等学校が入学試験を経て入学しているところであり、特別支援学校に学籍を移すと手続き的には転校（退学）となる可能性があるからです。また、仮に退院後に学籍を高等学校に戻せる確約をもらえたとしても、高等学校は単位制をとっているところがほとんどで、単位を取得して進級や卒業をするためには高等学校の授業に「出席」していることが条件となっている高等学校も多いため、入院している期間を欠席にされてしまうと留年となる場合も出てきます。

このため、病弱特別支援学校の高等部で指導を受けた時間については「出席扱い」にしてもらったり、定期試験を病院で受けさせてもらって一定の点数が取れたら単位を出してもらうなど、入院している高校生が不利にならないように高等学校や教育委員会と調整する必要があります。

以上のように、高校生が病弱教育を受ける場合、高等学校の教育システムの特徴である単位認定や復学の問題が大きな課題であることがあげられます。

たとえば、音楽科や農業科といった普通科ではない学科で学んでいる高校生は、専門の学科や実技科目など、病弱特別支援学校の高等部であっても十分にカバーしきれない科目が必修になっていたりします。こうしたケースでは、病弱特別支援学校の高等部で学習したことを復学後に可能な限り単位認定を受け、元のクラスに戻ることができるように最大限の配慮をすることが原則です。しかし、普通科では対応できない専門科目をどうしても履修する（または病弱特別支援学校での授業を振り替える）ことができない場合には、その科目だけ当該高校の教師が病院に出張して指導することを検討するなど、入院児が不利にならないように便宜をはかるべきであると考えます。

また、入院時期が中学三年生の年度末になり、高校一年生の四月は病院で入院治療中となった場合、高等学校への入学をどのように扱うかという問題もあります。病弱特別支援学校で四月から学習の保障をするのであれば、高等学校ではなく病弱特別支援学校高等部に入学をすることになりますが、四月に高等学校に入学をしないのであれば、制度的には入学辞退となってしまう可能性もあります。こうしたことにならないようにするために、入学を退院後に先延ばしすることができるのか、あるいは四月に形式的にいったん高等学校に入学したことにして、実際には病弱特別支援学校高等部で教育を受けることができないか、学籍の問題も含めて教育委員会などの関係機関と協議することが必要となるでしょう。

特に欠席日数の取り扱いなどは、大学進学のときに高校推薦を受ける基準の一つになっていることも多いので、教育委員会などとの協議を短期間のうちに行い、生徒の学習や進学に支障が出ないようにしていかなければならないと考えます。

(4) これからの病弱教育システムのあり方を考える

現在、日本の特別支援教育は通常の学級に在籍する特別な教育的ニーズのある子どもへの対応をさらに検討し、日本版インクルーシブ教育の教育制度や実践のあり方を模索する時期に突入しています。インクルーシブ教育の理念にもとづいて可能なかぎり特別なニーズのある子どもが通常の学校（学級）の中で教育を受けることができるようにシステムが整備されていっても、入院という特殊な事情を抱えた病弱特別支援学校や院内学級などについては、存在し続ける必要があります。

しかし病弱教育の運用システムについては、インクルーシブ教育の制度改革を受けて検討を要する点が出てくるかもしれません。たとえば学籍の問題です。インクルーシブ教育をめぐる議論では、在籍を通常の学級に一元化し、副次的に特別支援学校などでの専門的な指導を受けるというようなシステムも考えられています。こうしたシステムになれば、前項で検討した高等学校への復学の問題は一部、解消する可能性はあります。しかしその一方で、副次的になることで十分な教員配置が保障されなかったり、特別支援学校が通級化して自立活動を中心としたリソース・センターのようにモデルチェンジしてしまったら、病気の子どもへの教育を十分に保障しているとはいえなくなってしまいます。

このように、病弱教育の制度は特別支援教育の全体的な改革の方向性にも大きく影響を受けるものです。特に、インクルーシブ教育の制度改革については注視しておく必要があります。病気の子どもが、制度的にも実践的にも最大限の配慮を受けられる教育の環境や条件を整備していくことが求められます。

注1：施設併設病弱特別支援学校の中には、医療と福祉の両面からの対応が必要な重症心身障がい児の病棟に併設されているものもありま

す。こうした子どもたちは入院を必要とする子どもたちであるので、一部、施設併設病弱特別支援学校は入院を必要とする病気の子どもの枠に重ねました。

注2：三単位を必要とするのは特別支援学校一種免許状を取得する場合です。二種免許状の場合は、「教育課程・指導法」「心理・生理」の講義をそれぞれ一単位以上、合計二単位が必須となっています。なお、大学院等で習得できる専修免許状については領域別の必須単位は設定されていません。

注3：教育委員会が人材をプールして必要な所に派遣するシステムは、スクールソーシャルワーカーの派遣などで試みられています。入院児は毎年いるが、人数的には病弱特別支援学校や病院内学級を設置できるほどではないというような地域や病院には、こうしたシステムを検討する価値は大きいと考えます。

注4：これは制度的に設置できないというのではなく、さまざまな理由からこれまであまり設置されてこなかったということです。

3 発達障がいを伴う病気の子どもの特徴と支援

(1) 特別支援教育が必要な病気の子どもと「発達障がい」

発達障がいの人は人口の約三％程度の割合と言われています。つまり、病気の子どもが一〇〇人いたら、その中に三人程度の子どもが発達障がいを併発していても不思議ではありません。ただし、病弱教育を必要としている子どもの中に発達障がいを有していると思われる子どもは、こうした疫学的に算出される数よりも多いように感じられます。

これは次のような理由によると考えられます。病気の子どもはすべて特別支援教育を必要としているわけではなく、学習や生活の上で困難のない病気の子どもは通常の学級で配慮を受けながら過ごしています。一方で、特別支援教育が必要な病気の子どもの中には、病気そのものはそれほど重症ではなくても、学習や生活の上での困難が大きく、身体への配慮とともに特別な教育的配慮が必要な子どももいます。特に、寄宿舎や福祉施設から病弱特別支援学校に通っているケースでは後者のような特徴をもつ子どもが顕著に多いと考えられます。

また、病院での治療をある程度終えたあとも自宅から病院併設の病弱特別支援学校に「通学」している子どもの一部にも、発達障がいあるいはその周辺の子どもがいます。

(2) 発達障がいを伴う病気の子どもの類型

それでは、発達障がいを伴う病気の子どもとはどのような疾患あるいは特徴をもっているのでしょうか。大まかに発達障がいを伴う病気の子どもの類型をまとめると以下のようになります（表1）。

このうち、心臓病や腎臓病などの内部障がいを伴う子どもは(1)に多いと思われます。ただし、ダウン症候群・ウィリアムス症候群など、知的障がいが重度で身体的な病気がそれほど重くないケースは、知的障がい特別支援学校に通っている子どももいます。

一方で、(2)と(3)は生まれつきの疾患ではなく、学校や家庭などの要因により、もともともっていたアトピー性皮膚炎やぜんそくなどがひどくなり、病

（表1）発達障がいを伴う病気の子どもの類型

タイプ	具体例
(1) 発達障がいを併発する疾患をもつ子ども	ダウン症候群・ウィリアムス症候群など
(2) 発達障がいの二次障がいとして心身症や情緒障がいとなった子ども	ストレスでアトピーやぜんそくがひどくなった学習障がい児　など
(3) 虐待などにより病気が悪化し、かつ発達障がいに似た状態を示す子ども	アタッチメント障がい、反抗挑戦性障がいなど

弱教育で心身両面のケアが必要になったケースであると考えられます。また、(2)と(3)の子どもの中には、心身症の症状が出るのではなく、情緒不安定や行動上の障がいなどが顕著になり、医療と連携しながら特別な教育を行う必要が生じたケースも多いのが実情です〈注1〉。

いずれにしろ、以上の(1)―(3)のケースは文字の読み書きが苦手であったり、特異的なコミュニケーションをとるために対人関係をうまく維持できなかったりと、学習上または生活上の困難に対して特別な対応が必要な場合が多いでしょう。こうした子どもたちに対しては、身体的な配慮のみならず、「学習障がい」に対する特別な対応が必要です〈注2〉。

(3) 学習活動における特別な配慮の必要性

「学習障がい」を伴う病気の子どもに対する教育では、次の三点に配慮をして学習活動をすすめていくことが必要です。

① 学習を「ゆっくり、ていねい」にする

心身の病気があり、かつ「学習障がい」の状態にいる子どもは、学習を継続する体力や集中力が限られていることに加え、障がいの特性から生じる学習の困難もあると思われます。そうした子どもに学年相応の学習をすすめようと思っても効果がでないことが多く、重点課題と思われる課題を精選し、「わかる」までゆっくりとていねいに（根気よく）取り組むことが必要です。

②「わかりやすく」工夫した活動を

ゆっくり、ていねいに教えることは、病気で入院している子どもにも必要かもしれません。発達障がい児に特徴的な指導をするとしたら、彼らの認知特性に配慮した指導方法を取り入れることでしょう。

たとえば、注意の集中が持続しない発達障がい児は、「雑多な情報」を取捨選択することが難しい子どもであると考え、学習に必要のない掲示物などを取り除いてシンプルな学習環境を作るなどということが考えられます。また、文字の大きさや、解答欄の位置、あるいは文章記述の長さなどを考慮した「見やすく整理した」プリントなどを作ることも有効な方法です。

こうした一連の特別な配慮は、現在、「ユニバーサルデザインの授業づくり」としてまとめられており、日本でも数多くの書籍を手にすることができるようになってきました〈注3〉。病気に対する特別な配慮をしながらも、発達障がい児教育の分野で蓄積されてきた授業づくりのノウハウは、発達障がいを伴う病気の子どもへの学習指導に活用することができます（表２参照）。

③自信がつき、学ぶことが好きになる配慮を

発達障がいをともなう病気の子どもが学習をすすめていくためには、子どもが自信をもち、学習することが好きになっていくような工夫を教員がすることが大

(表2)　ユニバーサルデザインの授業づくりの基本的な柱

●視界に余計な情報（刺激）を入れないように、黒板の周りの掲示物を取る。
●学習内容や教師の指示内容がわかりにくい時には、イラストを用いて視覚的に理解できるように支援する。
●板書の仕方や問いかけの方法を統一し、何が重要事項で、何が問われているかがわかりやすいようにする。など

切です。

この子どもたちは理解するまでに時間がかかることに加え、休むことが多いケースもあります。そのため授業時間以外にも、一人で本を読んだり、図鑑を広げたりなど、学ぶことに喜びや面白さを感じ、自ら学ぶ姿勢が育っていくことが大切です。自ら学習する子どもに育つために重要なことは、「こうすれば自分にもわかる」という自信をつけることです。②に示した指導方法の中で自分なりの学習方法を身につけていけるよう働きかけることが必要です。

(4) 高等学校(特別支援学校高等部)卒業後の進学・就労の課題

もともと病気が重い子どもは、発達障がいがなくても進学や就労に際して大きなハードルがあります。ラッシュアワーの通勤・通学や、一日八時間の勤務体制、進学した学校や就職した職場の建物にエレベーターがないなどの施設・設備面の悪条件など、進学・就労をめぐってはさまざまな困難があります。

このように病気の重い生徒にとっては、進学や就労の選択肢がとても狭いことが多いのが現状です。これに加えて発達障がいがあると、「自分の病気の状態」と「行きたい学校・やってみたい仕事」との間のギャップが埋まらずに、「心身ともに疲れてしまう」ことや、逆にやりたいことをさせてもらえていないという気持ちが強くなり、「どうせ自分は何もできない」と投げやりな気持ちになってしまうことがあります。

こうした状態に陥らないためにも、発達障がいをともなう病気の子どもに対しては、中学生(特別支援学校中学部)くらいのうちから、

(1)自分の病気の状態を学び、何が得意か(何が不得意か)を知る(自己理解の促進)
(2)「やりたいこと」を考える際に、実現の可能性とそれを実現するための具体的な手立てを考えること。そのことで、「ダメな自分」「できない自分」ではなく、「これだったらできる自分」「こういう支えがあればできる自分」という想い、満足感を高める(自己肯定感を高くする)

この二つを指導のねらいに組み入れていくことが必要です。

以上のような「できること」と「やりたいこと」の間で悩み、自分なりの生き方を見つけていくことを「アイデンティティの形成」といいますが、発達障がいを伴う病気の子どもも中学生以降の思春期・青年期には、アイデンティティ形成の危機が訪れます。

このとき、なかなかフルタイムの企業就労が難しい病気の重い発達障がい児などには、「どのように働くか」という点ばかりではなく、「どのような生活を送りたいのか」というように、人生をトータルに見つめて考えていくことが大切です。たとえば、障害基礎年金〈注4〉や福祉サービスを利用して余暇を充実させ、「楽しく生きる」ことをイメージさせる支援をするなども病気を伴う発達障がい児には必要なことかもしれません。

発達障がいのある人は、他人と自分の違いがある程度わかることから、その違いに苦しみ、他の人と同じように「仕事をしたい」といつの間にか強く意識していることもあります。学校教育を受けているうちから、「自分は自分」という意識をもって、自分なりの生活スタイルを切り拓いていくことができるように支援することが発達障がいを伴う病気の子ども(特に、病気の重い子ども)の進路指導には必要であると考えます。


(新井英靖・茨城大学教授)

注1：ただし、虐待などによって反抗挑戦性障がいなど行動上の困難（暴力や犯罪行為）が顕著な子どもは、病弱教育ではなく児童自立支援施設などで教育を受けているケースもあります。

注2：被虐待児が発達障がいの状態を示すのは、必ずしも生まれつきのものではなく、不適切な養育によって「発達障がいと同じような症状」が出ていると捉えることもできます。このように考えると、生まれつきの発達障がいとは異なる状態であると考えるべきですが、発達障がい児への特別な対応はそうしたケースにも有効な場合があることから本章ではこうしたケースも記述しました。

注3：授業のユニバーサルデザイン研究会編『授業のユニバーサルデザイン』などを参照。

注4：発達障がいをともなう病気の人が障害基礎年金を受給する場合、発達障がいではなく、内部障がい（たとえば、心臓病が重いので身体障害者手帳一級を取得しているなど）によって受給できることが多いと考えます。

第2章

病気の子どもと通常学級・訪問教育・通級による指導

① 入院児の地元校との連携・協力

入院した子どもたちは、病院内の学校に気持ちのよりどころを求めつつも、「自分の学校」はあくまでも地元校だと思っています。病院内教育の教員にとって、教育活動を展開することと地元校との連携を図ることは、車の両輪にたとえられるほど、重要な課題です。入院の短期化により学籍を移さない子どもに対しても、病院内教育の教員が教育相談活動の一環として、学習指導などを行っていることがあります。学籍を移したか移さないかに関係なく、個々の状況にあわせた柔軟な対応をするために地元校と病院内の学級は連携をしていく必要があります。そして、連携をするうえで最も大切にしなければならないことは「学校（担任）に何をどうしてもらいたいと考えているのか」

という、本人・保護者の意思を把握しながら進めていくことです。

(1) 連携の意義

① 子どもにとって

入院によって子どもは、日常生活から切り離され、大きな不安を抱えることになります。病気への不安はもちろんですが、「明日から学校に行かれない」「勉強が遅れる」「戻ったときに友だちは自分のことを受け入れてくれるのか」など、「地元の学校から取り残されるのではないか」という不安も大きく感じています。

これらの不安に対応するためには、病院内教育の教員と地元校の教員が連携し、子どもが元のクラスの一員であると感じられるように、そして、地元校の友だちとの関係が途切れないように支援していくことが必要です。学校や友だちとつながっているという所属感が、退院後の復帰をスムーズに進めることにもつながります。

② 保護者にとって

退院後、スムーズに地元校に戻るためには、学校間の連携だけではなく、入院当初から地元校と子ども・保護者との良好な関係を維持しておくことが必要です。保護者は、入院当初は病気のことで頭がいっぱいになり、精神的にも時間的にも余裕がなく、不安な状態にあります。「籍がない」「通っていない地元校に頼みごとをしづらい」「状況を伏せておきたい」「家庭のことで時間的にも手一杯」など、連絡がしにくい状況にもあります。

しかし、治療が進み先の見通しが出てくると、戻ったときのことを考え、「学校に連絡をしなければ」と焦る気持ちも出てきます。日頃から連絡を取り状況を説明しておくことで、復帰後の様々な状況に対応してもらいやすくなることなど連携の必要性を保護者に話し、地元校とのつながりが切れないよう支えることも重要です。

③ 地元校にとって

担任する子どもが入院して転籍すると、連絡する必要性がなくなり、子どもや保護者とのつながりが切れてしまうという現状があります。しかし、地元校の多くの教員は、入院した子どものことを気にかけながらも何をどうしたらよいのかがわからずに悩んでいるというのも現実です。病院内教育の教員が入院中の様子を伝えるなど地元校との連携を深め、復帰後の具体的な支援の方法を共に考えることで、「転校した子どもとしてではなく戻ってくる子ども」として位置づけ、子どもや保護者への働きかけが継続できるようになると思います。

今在籍していなくても、現状を把握するためのケース資料を作成し、その時の担任だけではなく学校として継続して理解していけるシステムを作っている学校もあります。

(2) 連携の内容・ポイント・方法

入院当初から退院まで（必要に応じて退院後まで）、病院内の学校と地元校は連携を取り合いますが、実際にどのような連携が行われているのでしょうか。実際に行われているさまざまな連携(①内容、②ポイント、

③方法など）についてまとめてみます。これらを参考に、それぞれの家族や学校の状況に応じて創意工夫していってください。

①転入時

(a)連絡内容

・地元校での様子（生活面、学習面、配慮事項、家庭環境など）を聞く。
・病院での様子（心理面、病状など）について伝える。
・学習内容（学習進度、年間計画、使用教材など）を確認する。
・学級だより、プリントなどの送付を依頼する。
・受験生の場合には、進路に関する情報提供を依頼する。
・高校生の場合には、履修科目や単位数の確認をする。

(b)ポイント

【保護者に対して】
・地元校担任に直接連絡をとってよいかどうか確認する。
・担任やクラスの子どもにどのように伝えているのかを確認する。
・保護者が連携に積極的ではない場合、保護者の気持ちに寄り添いながら、根気よく連携の大切さを伝えていく。

【地元校に対して】

・病気や病院内教育についての理解を得る。その際、冊子なども活用する。
・クラスの子どもや保護者にどのように伝えているのか確認する。それは、今後の連絡内容や子どもの作品を送るときの参考になる。
・クラスの一員であることの位置づけをお願いする。たとえば、机やイス、ロッカーなどを存続させ、班分けや係分担などにも名前を入れてもらう。
・学年がすすむときには、復帰後の所属学級を決めてもらうとともに、担任や友だち関係への配慮をお願いする。
・連携の必要性を伝え、相互に継続して連絡をとっていくことを確認する。

②入院中

(a) 連絡内容

・病院での様子（生活面、心理面、治療面など）について伝える。
・学習の進度や教材に関する情報交換をする。
・定期テストなどの対応について確認する（送ってもらったテストを病院で受け、地元校に送ることもある）。
・入院している子どもの作品や手紙（たとえば「〇〇さん新聞」）などを送る。

(b) ポイント

・双方の行事についての情報を交換する（日程や内容など）。

【保護者に対して】

・地元校の担任に子どもの様子や状況を定期的に連絡し続けることの大切さを伝える。また、子どもの作品を学校に届けたり、地元校に兄弟姉妹が在籍している場合には、学校行事やＰＴＡ活動などに積極的に参加することを促す。

【地元校に対して】

・地元校の情報は、担任のお見舞いや電話連絡、クラスの友だちからの手紙・メール・ビデオレターなど、地元校から本人に直接伝わる方法がより効果的であることを伝える。

・子どもや保護者の気持ち（外泊時に学校に行きたいなど）やお見舞いのタイミングなどを伝える。

・美術、技術家庭などで使う教材を送ってもらい、病院内の学校で製作した作品を地元校の作品展などで展示してもらうようお願いする。

③退院時

「個別指導計画」や「個別の教育支援計画」にもとづいて地元校と病院の中の学級が話しあい、引き継ぎ資料を作成する必要があります。

(a) 連絡内容

・学習内容に関すること：教科ごとの進度や習得状況、教科ごとの必要な支援、体育や行事への参加の仕方など。

・生活に関すること：できること、配慮が必要なこと、頭髪や容貌の変化などへの対応について、子ども・

保護者が不安に感じていることなど。

・病気および身体の状況に関すること：投薬、感染症、健康管理の方法、食事制限、緊急時の対応、体力面での配慮、残存機能、通院など今後の見通しなど

・病気の理解に関すること：本人の病気・治療についての理解の程度、他の子どもへの伝え方など。

・家族への配慮：保護者や兄弟姉妹への必要な配慮など。

(b) ポイント

【保護者に対して】

・地元校に伝える内容について、本人や保護者とよく相談する。保護者が話しにくい内容については、病院内の学級の担任が代わりに伝えることもある。

・地元校の担任だけではなく、管理職や養護教諭など複数の教員に子ども・家族の現状と要望を伝えるように励ます。

【地元校に対して】

・地元校に戻った後も、必要に応じて連絡を取り合うことを確認する。

・担任教員のみではなく、学校全体で受けとめてもらえるように依頼する。

・地元校が必要としている情報を提供する。

④ 一時退院や外泊の時

病院内の学級に学籍がある児童生徒が、地元校に一時的に登校できるかを確認する必要があります。その

場合、病院内の学級の出席としてカウントすることもあります。また、「日本スポーツ振興センター」〈注1〉の扱いについても確認しておくとよいでしょう。

⑤ 支援会議

上記のような内容をきちんと伝えるためには、電話やメールでの連絡ではなく、支援会議を開くことも有効な方法です。本人、保護者、学校関係者、病院関係者が一堂に会して、子どもの身体面、精神面、今後の学校生活などについて、情報を交換し合い、共有し合うことが本人の闘病生活を支えていくことにつながります。

地元と病院が遠く離れていたり学籍を移していない場合など、実現することが難しいケースもありますが、どのような場合でも病弱教育の教員は、地元校の教員が何を知りたいのか、何に困っているのかを把握し、本人・保護者の意向を聞きながら橋渡しをしていくことが大切です。

ⓐ 時期について

退院して地元校に戻ることが決まったときに支援会議を開く学校がほとんどですが、入院中の支援の内容や方法について話し合うことも大切ですので、入院時での実施にも意味があります。また病状に変化があったときなど、必要に応じて支援会議を開くようにしていきたいものです。

ⓑ 参加者

本人（保護者と相談して決める）、保護者、医療職（主治医、看護師）、地元校の教員（担任、養護教諭、特別支援教育コーディネーター、管理職など）、病院内教育の教員（担任、特別支援教育コーディネーター

など）、ソーシャルワーカーなど

(c) 場所

多くは病院で行っていますが、退院後に車いすを使う必要がある場合などは、施設面での配慮（階段や手すり、教室の場所など）も必要になってくるので、地元校で行った方がよい場合もあります。

(3) 地元校の対応について

病院内の学校の担任と連絡をとるのは担任ですが、担任一人に任せるのではなく、学校全体で関わっていくことが大切です。入院当初からの子どもの病状や様子を学校全体で知り、課題を共有し合うことが、退院して復帰するときに役立ちます。

中学校は教科担任制なので、どの教科の教員も状況を理解していることが、適切な支援を行うためには欠かせません。通常の授業に加えて、保護者や病院内の学級との連絡、校内への周知などを担任が一人で担うのは大きな負担です。

担任はおもに子どもや家族と関わり、特別支援教育コーディネーターや養護教諭が、学校全体の共通理解を図るために校内委員会を開いたり今後の支援の方法について検討するなど、チームで取り組めるような体制づくりが求められます。

（高橋陽子・元特別支援学校教諭）

(4) 連携の事例

訪問学級に転入した、小学校6年生のAさんのケースについて紹介します。

①転入準備

入級面談では、訪問学級の教育内容の説明や保護者から本校の指導に対する要望を伺います。小６のお子さんについては卒業学年なので、関連行事や卒業式等について、その時点で分かることの聞き取りをしました。地元校の先生に対する病状についての説明状況や本校からの連絡の可否についても確認の上、面談後すぐに地元校と連絡を取りました。主な確認内容としては以下の通りです。

・学習進度の確認と教材共有、プリント配布等の依頼
・卒業式について（地元校に戻ること、関連する学習を一緒に行いたいこと）
・卒業アルバムと文集の作成時期について
・移動教室など、行事の日程と参加の条件の確認　等

②転入後

最初の授業では、自己紹介や学習進度の確認とともに、本人の要望を聞き取ります。Ａさんは、地元校の行事参加と家庭科でエプロン製作を行いたいとのことでしたので、それらの実現に向けて地元校の担任の先生と相談を行っていきました。

(a) 学習について

教科書は、地元校で使用していたものをそのまま継続しました。ドリルやカラーテスト等は地元校で購入していただきました。体調不良で学習が進まないことも少なくなかったので、全てやりきることはできませんでしたが、友達と同じ教材で学習を進めることは、Ａさんの安心につながっていたと感じました。

(b) エプロン製作について

エプロン製作は、地元校の先生が他のお子さんと一緒に材料のセットを購入してくださったので、友達と同じものを作ることができました。4時間程度の時間を要しましたが、病院でミシンを使えたことも楽しかったとのことで、とても満足そうでした。次にやりたいことへの意欲にもつなげることができ、実現できて良かったと思いました。

(c) 卒業アルバムと文集について

卒業アルバムの写真については、家庭で撮影可能であることを担任の先生が確認してくださったので、本人の都合の良い時に撮影ができました。治療が本格的に始まる前に、撮影を勧めることが一つのポイントかと思います。文集については、書式や原稿用紙等を地元校からいただき、授業中に一緒に取り組みました。一度地元校に提出し、添削していただいたものをもう一度考え直すのに少々時間がかかりましたが、提出日の配慮もしていただき、原稿を完成させることができました。

(d) 行事（移動教室）

まず保護者と主治医、本校管理職に参加が可能かどうかの確認をしました。その上で地元校に参加の可否とその条件についての検討をしていただきました。一定の条件の下で参加可能ということになり、しおり等もいただき、こちらでも事前学習の準備を進めましたが、結果的には治療の関係で参加することができず、残念でした。

(e) 卒業式

地元校の卒業式に参加することを強く希望していたので、3学期に入ってすぐに卒業式の歌やことば等について確認をしました。地元校から楽譜をいただき、授業中に一緒に歌を聴く機会などを設けました。2月の下旬には管理職を通して、卒業式の参加をふまえた転学日の相談を行いました。

③ 転出にあたって

Aさんは、中学校入学以降も入院が必要であったので、小学校卒業時点での支援会議等は実施していません。保護者に確認の上、担任の先生には、中学への引継ぎの際にAさんの事情について話していただくことをお願いしました。転出の書類に関しては、年度内に全ての処理が終了するように、迅速に進めることを心掛けました。

（神野真弓・特別支援学校教諭）

注1：「独立行政法人日本スポーツ振興センター」では、義務教育諸学校、高等学校、高等専門学校、幼稚園及び保育所の管理下における災害に対し、災害共済給付（医療費、障害見舞金又は死亡見舞金）を行っています。学籍を戻さずに地元校に登校した時に、この制度が適用されるかどうかは、都道府県によって対応が異なっています。

2 通常学級における病気の子どもの理解と支援

(1) 慢性疾患の子どもの九割は通常学級に在籍している

これまで、さまざまな場で行われている病弱教育について説明してきましたが、小児慢性特定疾患治療研究事業として指定されているような専門的な治療を長期にわたって必要とする疾患であっても、その九割の子どもは普通の社会生活を送っています。つまり学齢期であれば学校に通っている・学籍を置いているということです。

　この背景には、小児医療の大きな進歩と在宅医療への転換があります。長期に入院しなくても必要な治療が受けられるようになり、入院せずに通院だけで治療を行う場合もあります。また、治療さえ受ければよいのではなく、子どもらしい生活を送るＱＯＬの視点から、家庭・地域での生活が大切にされるようになってきています。入院治療を継続する場合も、一旦、退院することが多く、退院すると、学籍は地元の学校に戻ることになります。こうした中で、慢性疾患の子どもの大多数の学籍は、入院先の学校・学級ではなく通常学級にあり、通常学級で学んでいることが多いのです。

(2) 通常学級に学籍がある病気の子ども

　では、そうした子どもは、どのような学校生活を送っているのでしょうか。

　ほかの子どもとほとんど変わらない学校生活を送っている場合もありますが、体力や治療上の制限によって無理ができない子どもは、学校生活で、みんなと同じようには参加できない場面があります。なかには、退院はしたけれども地元校に通学するまでには回復しておらず、自宅で療養中という子どももいます。「早く退院して元の学校に行きたい」と思っていたのに、退院後、学習の空白や遅れだけでなく、部活や校外学習など学校生活のさまざまな場面で、がまんしたり、あきらめたりしているのです。

　つまり、「地元校に在籍している」といっても、学習や学校生活に十分参加できているとはいえません。入院中に受けていたような、それぞれの病気や治療に配慮した教育が受けられているわけではないのです。家庭・地域で闘病する在宅医療の時代を迎え、入院中の教育だけではなく地域や地元校の中での理解と支援をすすめることは急がれる課題です。そのために、病弱教育を担う特別支援学校・院内教育だけでなく、通常学級においても次の三つの視点で病気の子どもへの理解と援助を広げていくことが求められています。

①入院中、あるいは退院してくる子どもへの理解と支援
②治療・療養しながら学校生活を送っている子どもへの理解と支援
③病気による長期欠席の実態把握と支援

①については、本章第1節で述べられていますので、ここでは、②と③について述べておきたいと思います。

(3) 病気の子どもも安心できる学校生活の充実のために

慢性疾患の子どもが抱える学校生活上の問題は個々に異なりますが、大きくは、①学習の遅れや学習上の制約・不利、②医療管理と学校の環境整備の不十分さ、③友人関係や心理的問題があります。

学習では、「入院などによる学習の遅れ」「体力的に学習時間がとれない」「同じ曜日の通院で欠席の多い教科がある」などの問題が生じがちです。また、体育・プールや運動会・校外学習・修学旅行などの行事の参加が難しくなるケースも少なくありません。

主治医から学校生活管理指導表や診断書などで参加可能という指示が出ていても、学校では安全管理上、無理をさせない方向で参加が制限され、見学を余儀なくされることが多く見られます。校外学習・宿泊行事等でも、参加不可や保護者付き添いが必要と判断される場合もあります。家族の負担が大きいばかりでなく、

子ども本人にとって大きな葛藤になっています。

高校・大学進学の難しさもあります。内申点や欠席日数、病気であることが入学に不利になる、入学後、欠席が多いと単位取得が難しいなどの問題が見られます。また、高校には特別支援学級が設置されておらず、院内学級などの入院中の教育の場が整備されていません。特別支援学校（病弱）などがあっても、義務教育ではないので、高校を中退して編入し、高校に戻るときにも編入試験を受ける必要があるため、病弱教育への転入をあきらめる場合が多いのです。現在、高校段階の病弱教育の整備を求める声が高まりつつあります（詳細はPart3第1章第2節参照）。

(4) 適切な健康管理ができる環境と条件整備

学校には保健室があり、養護教諭がいて校医が委嘱されている学校保健制度がありますが、「養護教諭や保健室にお世話になったことがない」と、病気の子どもだった青年の多くが語っています。

今日、養護教諭は、体調不良やけがへの救急対応のほか、保健室登校、発達障がい、養護教諭に話を聞いてほしい子どもなどに対応しています。さまざまな子どもにとって、保健室は大切な居場所になっています。しかし、ほとんどの学校で養護教諭は一人しか配置されておらず、学校医も年一回、健康診断のときだけの来校です。結果的に保健室は、病気の子どもが利用しやすい場にはなっていないようです。小児糖尿病の子どものなかには補食やインシュリン注射を、保健室ではなくトイレで行っている事例も見られます。慢性疾患の子どもの八、九割が通常学級に在籍する現状に合った保健室の整備や学校保健制度が必要です。

学校現場では今、診断が出ている子どもだけでなく、さまざまな子どもの心身の健康問題が広がっています。養護教諭を中心とした子どもの健康と安全を守る学校保健を充実させ、病気の子どもを含めた健康教育を進める必要があります。また、病気の子どもは養護教諭にお任せとなりがちですが、病気の子どもは、健康面だけでなく学習・友人関係・生活などさまざまな面で理解と援助が必要です。同じ診断名がついていても、個々の子どもによって、また時と場合によって、必要とする理解や援助が異なることも病気の子どもの特徴です。子どもが必要とする援助を具体化するには、本人・保護者とていねいに話し合って確認していかなくてはなりません。学級担任・養護教諭を中心とした校内の援助体制と、学校医や主治医などの医療関係者や場合によっては福祉関係者との連携が求められます。

(5) 病気による長期欠席の実態

文部科学省学校基本調査では、前年度に学校を三〇日以上欠席した子どもの人数が調査されてきました。欠席の理由によって、不登校・病気・経済的理由・その他に分類され、不登校による長期欠席は一二万人を超え社会的に大きな問題となっています。一方、病気による欠席は、不登校のように注目されることはなく、「病気で学校を休むのはやむを得ない」という理解で、放置されてきたといえるでしょう。

では、病気を理由に長期欠席となっている子どもはどのような生活を送っているのでしょうか。

①ときどき休んで結果的に三〇日になってしまった子ども

こうした子どもも、学習の遅れや友だちとの関係がスムーズでなくなる可能性があります。学校としての理解と支援を考えるべきでしょう。

②かなりの日数の欠席が続く子ども

二〇〇日以上の欠席者のなかには、一日も登校しなかった、そのまま他の学校に転校していったなどの事例も見られます。けれども、具体的な対策が講じられないままに終わっています。

入院中の教育保障の必要性は社会的に共通理解されてきたのに対し、「病気」という理由がつくと長期欠席は「やむをえない」と考えられてしまうのはなぜでしょうか。それは戦後ずっと根強かった「病気が治ったら学校」「治療優先」という考え方が、依然として社会や学校現場には根強いということではないでしょうか。

病気による長期欠席には、明確な診断名があり治療を受けている子どものほか、学校不適応などで心身の不調をかかえる身体虚弱の子どもも見られます。法令上は病弱教育の対象になっている身体虚弱の子どもですが、実際には「病弱教育の本来の対象ではない」として病弱教育の場での対応が行われないこともあります。不登校や家庭の養育困難などが背景にある場合、家庭との対話ができないまま、未解決になっていることも少なくないようです。学校として解決できないときには、教育委員会や、児童相談所・保健所などと連携して解決を図ることも必要です。病気による長期欠席の実態把握と支援の具体化が求められています。

(6) 通常学級における病気の子どもの理解と支援を充実させるために

医療の進歩・変化によって病気の子どもの生活実態が大きく変化している現状に学校教育が対応しきれていないことが、通常学級における病気の子どもの学校生活の困難となって現れています。

これまで病弱教育は特殊教育に位置づけられ、病気は障がいのひとつであり、特別な教育の場で対応するという考え方でした。けれども、今日、病気の子どものほとんどが通常学級に在籍しながら治療・療養を行っており、学校生活上の困難にぶつかっています。また、心身の健康問題を抱えた子ども増加しています。発達障がいやその周辺の子どもだけでなく、病気や健康問題を抱えた子どもも特別な支援を必要とする子どもとして通常学級での支援を充実させることが求められています。

そのためには、診断書の有無や、障がい・疾病の種類・程度で支援を考えるのではなく、個々の子どもの困難を共感的に理解し実践をすすめる視点を明確にもった学校づくりが不可欠です。

（猪狩恵美子・九州産業大学教授）

(7) 通常学級における実践事例

① 思いをつなぎ、人生の一瞬に立ち会う

ご両親は子どもの生まれた時の喜びとこれからの不安、この両方の気持ちを抱えながら毎日生活しているのだろうと思います。また、入学前にかかわった方たちもご両親の思いを受け止め、大切な命を守り続けてきたのだと想像します。担任としては、心配なことはたくさんありますがこのチームの一員として目の前のバトンを受け取り、人生の一瞬一瞬を支え、未来につなげていきたいと思っています。

② クラスの中で――社会参加と個性

小学校の教室には、いろいろな思いをもったたくさんの子どもがいます。小さな社会だと思います。自分

のことだけではなく、相手のこと（自分が相手の立場だったなら）を考えながら生活するスタートラインに立つときです。社会を学ぶ出発点として、ルールを守ること、相手のことを考えて人とかかわること、自分のことをしっかり行うことなどを指導します。

教室は、勉強が得意（苦手）な子、運動が得意（苦手）な子、元気な子、じっくり取り組む（すぐ行動する）子など様々な個性の集まりです。病気がちな子ども個性ととらえようと考えます。教室で生活する上で配慮しようと思ったことは「大変だね」という言葉掛けをしないようにすることでした。子どもたちにも「可哀想だね」とは言わないように気を付けました。担任が言うことで、その子にも周りの子にも「可哀想な子」という気持ちを育ててしまう怖さがあるからです。私は、違いを出しあい、認めあって、一人ひとりの居場所づくりをしたいと考え、クラスづくりをしていきたいと思っています。

③みんな（教職員・子どもたち）の力を借りる

一人で全部を引け受けることは、とても大変なことです。周りの教職員も気にして声をかけてくれます。そこで、すべてを担任が抱え込まないように「ヘルプカード」というものを作りました。幸いなことにその後クラスに支援員が配置されました。

支援員……トイレの見守り。着替えや体育の補助。学習補助などを中心に支援をする。
教職員……支援員が不在の時のトイレなどの支援をお願いする。

④配慮と甘え――やれることを、共に生活する中で考える

クラスの中で、共に活動することは、本人にとって大変なことがたくさんあると思います。自分の命を守るために、「体調やトイレなどは自分で伝えないとみんなには、伝わらない」からきちんと話すことを約束しました。クラスでは「この活動は、どうしたら一緒にできるか」を考えました。例えば、ランドセル（胸の点滴のポート保護のため）の代わりにカートで登校しているので、階段は危ないから手伝うけれど、廊下は自分で引けるから自分でおこなう等と決めました。できることも何でも手伝ってしまうと甘えが出て、「お世話をしてもらっている立場」になってしまい、「共に」という関係が崩れてしまいます。これはお互いによくありません。本人が忘れ物をしたときはみんなと同じように注意しました。

⑤頑張りの連鎖「私はみんなの応援団、みんなは私の応援団」

国語や算数では、力が発揮できないけれど、生活科や音楽ではその子のよさが発揮できることがあります。活躍できる場を積極的に設定しました。一つのことで認められると他のことも頑張ろうという気持ちが生まれてきます。「いろいろなことをやってみたい」という願いが生まれ、入院前の体力にはまだ戻っていない状態でありましたが、支援員さんに補助をしてもらいながら鉄棒にチャレンジする姿も見られました。また、医療機器を入れたリュックサックを背負い、長縄も跳びたいと頑張り始めました。長縄では、自信をもって先頭を跳ぶまでに成長しました。全部やらせてあげられるわけではありませんが「危ないから。無理そう」と子どもの成長したいという気持ちに蓋をせず、できるだけその気持ちに寄り添いたいと思います。そして、その子どもの頑張りがクラスの子どもたちの「自分たちは、もっと頑張ろう」という意欲につながり、頑

張りの連鎖が生まれてきます。

（小辻美智恵・小学校教諭）

3 病気の子どもと訪問教育

訪問教育は、障がいや疾病により通学することが困難な子どものもとに、特別支援学校の教員が訪問して授業を行うもので、多くの自治体で週三回、一回二時間程度がめやすとされています。養護学校教育義務制実施（一九七九年）以降は、養護学校の教育形態となり、通学が難しい子どもに学校教育を届ける役割を担いながら今日に至っています。障がいが重い子どもの教育という印象が強いのですが、入院及び在宅療養中の子どもの教育保障としても活用されています。病院への訪問を「病院訪問」、在宅療養している自宅への訪問を「在宅訪問（家庭訪問）」と言います。

(1) 小・中学校の教育から始まった訪問教育

一九六九年以降、各地に広がった訪問教育は、疾病や障がいのある子どものもとに小・中学校から特殊学級の教員を派遣するという形でした。当時は障がいの重い子どもだけでなく筋ジストロフィーや慢性疾患など教科学習対象の子どもの割合が高かったことが特徴です。

しかし七九年以降、訪問教育は養護学校の教育形態となっていきました。八〇年代には訪問学級でも、子どもの障がいの重度重複化に対応して指導内容・方法・教育課程の見直しがすすみ、訪問教育は、障がいの重い子どものための養護学校の教育としての色彩を強めていきました。

(2) 入院中の教育を求めるうねりと訪問教育

再び、病気の子どもの教育として訪問教育が活用されていくのは、九〇年代です。教育の果たす治療上の効果が明らかになり、九四年には、文部科学省が「病気療養児の教育について(通知)」を出し、入院中の教育と院内に教育機関を設置する必要性を明らかにしました。その後、小・中学校の病院内学級設置が進みましたが、さまざまな病院に点在する子どもすべてをカバーする病院内学級設置は難しく、再び活用されるようになったのが、養護学校からの病院への訪問教育でした。

(3) 訪問教育の役割と自治体による違い

訪問教育には、学校に通えない子どもの教育を保障する上で、とても大事な役割があります。けれども、訪問教育の活用は、都道府県による違いが大きいという現状があります。重度重複障がい、重症心身障がいといわれる障がいの重い子どもに対しては、すべての自治体で訪問教育がきめ細かく行われていますが、慢性疾患の子どもに対する訪問教育の活用は、自治体によってまちまちです。一言に病院訪問といっても、重症心身障がい児病棟への訪問教育と、通常学級から入院に伴って転入してきた子どもの訪問教育があり、その実態は異なっています。教科学習を主とする慢性疾患の子どもが対象になるかという点や、病院への訪問や自宅療養中の訪問の実施も自治体によって違いがあります。

通学して毎日学習する場合に比べると、訪問での授業時間の不足は明らかです。けれども、入院先や自宅療養中など、どこにいても勉強ができる柔軟な制度として、また容態や治療・生活が変化する病気の子どもに合わせていけるという点では、貴重な教育形態だといえます。

⑷ 訪問教育を活用している自治体の例

病気の子どもに対する訪問教育は、多くの専門病院が集中している都市部を中心に活用されていることが特徴です。

東京都の場合、国公立病院のほか多数の民間病院に、都内だけではなく全国から子どもが入院してきます。小児がんなどの治療を専門とする病院に特別支援学校分教室を設置して小・中学部、高等部の全日教育を行っているほか、いくつかの病院には、区市立小・中学校の院内学級が設置されています。それ以外の多くの病院では肢体不自由特別支援学校からの訪問教育が活用されます。都内在住で、退院後、すぐに地元校に通えない場合には、自宅への訪問も行われ、地元校に戻っていく移行支援を行うことが可能です。

福岡県では、政令指定都市である福岡市は小・中学校の院内学級が入院中の子どもの教育を行っていますが、同じく政令指定都市である北九州市では特別支援学校（肢体・病弱各一校）が病院訪問を行っています。両市とも自宅療養中の訪問教育は行われていません。また、福岡県立特別支援学校からの訪問教育の対象は、重度重複障がいの子どもに限定されています。

このように、自治体によって病気の子どもに対する訪問教育の活用がまちまちであるため、入院先によって学校教育が受けられないという問題や自宅療養の場合の学校教育がほとんど保障されていないという問題が生じています。

(5) 訪問教育活用上の問題と改善点

入院・自宅療養を問わず、いつでも、だれでも、どこでも使える柔軟な教育として充実させることが必要です。特別支援学校高等部に訪問教育があっても、訪問教育を選択する高校生は稀です。義務教育ではないので中退・編入学という手続きが必要である上、週六時間程度の指導を行う訪問教育では、高校教育と同等の学習保障が難しいからです。義務教育段階であっても、訪問教育は受けたいけれど、特別支援学校に転校するのには抵抗があるという子ども・保護者も少なくありません。

訪問担当教員も、入院中の子どもの教育は初めてという教員がほとんどです。全教科を一人で指導するのは難しいことですし、病気の子どもの訪問教育を担当する教員が複数いる学校は多くありません。特に中学部・高等部の場合は、自分の専門とする教科だけでなく全教科の指導をする必要があり、高校・大学受験もあります。訪問教育や病弱教育に関する研修の機会や、専科教員による指導を確保する教育条件など、改善すべき課題が多く残されています。

学校や生活が変化する病気の子どもにとって、それぞれの場をつないでいく訪問教育の機能には重要な意義がありますが、枠組み・制度の改善と、教員研修の充実という両面から改善していく必要があります。

(6) 特別支援学校以外からの訪問型の教育

かつては小・中学校に位置づいていた訪問教育ですが、今日の小・中学校には、病院内に設置された特別支援学級以外には、学校に通えない子どものもとに出向いて教育を行うしくみがありません。学籍を移さずに教育を受けたいという要望はますます強くなってきています。巡回型の教育の試みも行われています。

埼玉県志木市では、「ホームスタディ制度」が行われています。「学習意欲があるにもかかわらず長期欠席」の児童・生徒に定期的に市費臨時教員等を派遣するものです。長野県では、おおむね一か月以上、院内学級のない病院や自宅で療養する場合に「長期入院児童生徒訪問支援事業」が利用できます。また滋賀県では、入院中の県内小・中学校の児童生徒に対する「巡回訪問指導教員派遣事業」が行われています。

入院中の高校生の教育についても、様々な取組が始まっています。大阪府では、「大阪府立高等学校における長期入院生徒学習支援事業」で、在籍校の教員が病院を訪問して学習支援を行っています。埼玉県では、埼玉県立高校に在学している生徒が、埼玉県立小児医療センターへ入院した場合に非常勤講師がベッドサイドで授業を行っています。

病院内に専門教員が常駐し、子ども同士の関わりの中で学び合える教育の場が適切に用意されることが基本ですが、入院の短期化と入院先の分散がすすむ今日、通常の学校からの訪問を実現する新たな訪問型の教育を、地域の学校や教育センターなどに用意することも検討していく必要があるでしょう。

（樫木暢子・愛媛大学教授／猪狩恵美子・九州産業大学教授）

⑺ 通常学級と訪問教育・多職種の連携の実践事例

インクルーシブ教育の視点から、慢性疾患の子どもが通常の学校生活を過ごすために実際に行った、通常学級・訪問学級・看護ステーションが連携しておこなった支援について、遥ちゃん（仮名）の事例を取り上げて紹介します。

遥ちゃんは生まれて一年間の入院治療の後、在宅医療を受けながら地元の通常学級に入学しました。遥ちゃんは医療的ケアが必要です。通常学級でどのような生活をしているのかを知りたくて、病院や在宅医療で関わってきた看護師とヘルパーと訪問学級教員で体育の授業を見学させていただきました。点滴の入ったリュックを背負いながらも、先生の回す大縄をクラスの子どもたちと一緒に跳び、学校生活を精一杯楽しんでいる遥ちゃんの姿を見ることができました。

① 就学前までに目指したこと

地域で在宅医療を担った支援者（看護ステーションの看護師・ヘルパー等）は保護者と、地元の小学校に通うことを目指して、医療的ケアを計画し、また、発達段階に合わせて「今、何をするべきか」を話し合いました。日々の医療的ケアにとどまらず、発達保障の視点をもって保育園で様々な体験をつむことも考えました。子どもと家族の生活を地域で支えるという方針のもと、その子を支えるチームが作られ、病気の子どもが学校に通うための基盤作りがおこなわれました。

② 教育環境を整える

安心した学校生活をスタートするためには地域の学校の教職員が子どもの実態を知ることが大切です。その子どもの実態はもちろんのこと、病気の実態を教職員が「見たことも聞いたこともない」状態のまま、通学がはじまるのは適切ではありません。そこで前述の地域の支援者チームは、そのようなことのないように学校と何度も支援会議をおこない、その子どもにとって学校が安心していられるように、また学校がその子どもとしっかりと関われるように進めていきました。この事例では、学校に「支援員を配置すること」、保護者からは「学校への送迎」「一日一回の点滴輸液交換」「弁当の持参」の協力を得ました。子どもの状況に合わせた必要な支援を考えていくことが大切です。

③ 多職種との連携

この事例のように、慢性疾患の子どもにとっては、就学に向けて「地域で支援体制を築くこと」がとても大切です。支援の基盤体制（支援チーム）が整っていれば入学後、学校も加わり連携がとり合えます。また成長に伴い新たな課題が生まれても、多職種のいるチームで検討するので解決しやすくなります。

通常学級の担任の先生に「学級経営で大切にしていること」をたずねると「特別なことはない。クラスの他の子どもと同じように接している」と話されていました。それは、クラスのみんなを大切にしているということです。病気の子どもへの配慮は必要だが特別扱いしないことは、全ての子どもたちにとってクラスが安心して過ごせる場所になることと思えました。

この慢性疾患の子どもの事例は低学年であったため、就学前の実践や経過をそれぞれの立場の方から聞く機会を得られたのですが、これは子ども理解のためにとても役に立ちました。また、コロナ禍では地元校や病棟との支援会議やカンファレンスもオンライン会議で開催しました。これは、遠方の学校や様々な支援関係者ともつながることができ、以前より参加しやすくなった面もあります。会議の回数を多く開けたケースもあります。コロナ収束後も引継ぎ、会議等ではオンラインも活用して、充実した連携がおこなわれることが望まれます。

医療との連携についてはＰａｒｔ２第２章に詳述してありますが、通常学級であっても連携が必要なケースがあること、通常学級と医療と訪問学級が手を携え合って支援していくこともあるということでここに記しました。質の高い連携を実現させるためには「それぞれの職種が責任をもって役割を果たし、互いの職種をリスペクトすること」（瓜生、二〇二〇）が基本的な姿勢といえるのではないでしょうか。

（中沢澄子・特別支援学校教諭）

⑻ これからの訪問教育の展望

本章第2節で示されているように、今日、病気の子ども・健康問題のある子どもは小・中学校、高校にたくさん在籍し、健康上の理由のほか心理面・学習面の理由から学校に行けない子どももいます。学校不適応が深刻化しないうちに、教員が訪問し、適切な支援を行うことが必要だといえます。そのためには、通常の学校の教員が、子どものもとに訪問できるしくみが不可欠です。訪問教育を、特別支援学校の中のごく一部の子どもの特別な教育形態としてしまうのではなく、学校に行けずに困っている子どものもとに教員が必要に応じて訪問できる、通常教育を含めた教育の形として広げることがこれからの課題です。

今日、訪問教育を受けている子どもは、特別支援学校の児童生徒全体の二％弱で、三〇年間で三分の一に減っています。けれども、さまざまな理由で学校を長期欠席になっている子どもが二十数万人もいるのです。不登校の背景には内部疾患、精神疾患などがあると言われています。病気の子どもだけではなく、こうした子どもに学校が目を向け、足を運び、手をさしのべていく一つの方法として、訪問型の教育形態が求められているといえます。

入院中の教育を求める声が高まるなかで、地元校から転校するのではなく、「二重学籍を認めてほしい」

という要望があります。現在、特別支援学校の児童生徒が地元校に副次的な学籍をおき、交流及び共同学習を行う取組みが広がってきています。通常の学校に在籍する児童生徒が、特別支援学校に副次的学籍をおき、転校せずに訪問教育を受けられるようにすることも検討の余地があると思います。

二〇二〇年に始まった新型コロナウイルス感染症のパンデミックにより、病棟への入室制限が続いている病院もあります。入室自体が禁止されたり、授業時間が週一回、授業時間は三〇分以下、時には一〇分とされたりすることもあります。今後もインフルエンザ等を含めた感染症対策として病棟閉鎖が行われる可能性があります。命を守ることに加え、発達を保障する視点で、条件整備を考えていく必要があります。

入院期間が平均二週間を切っている現在、病気の子どもにとっても、特別支援学校からの訪問教育だけではなく、地元校からの訪問教育は現実的かつ切実な課題になっています。

（樫木暢子・愛媛大学教授／猪狩恵美子・九州産業大学教授）

〈参考文献〉

・瓜生英子（二〇二〇）全国病弱教育研究会第16回全国大会「多職種連携」分科会「まとめ」スライド資料
・木内昌子（二〇二〇）全国病弱教育研究会第16回全国大会「多職種連携」分科会「ある短腸症児の育ちを助ける在宅支援」
・天野秀基（二〇二〇）全国病弱教育研究会第16回全国大会「多職種連携」分科会「点滴と人工肛門が必要な子どもの支援～病院の看護師が考えていること～」

4 病気の子どもと通級による指導

(1) 通級による指導とは

通常の学校における学びの方法として、通級による指導があります。ほとんどの時間を通常の学級で学び、週に一から数時間程度、通級指導担当の教員からその子の課題に沿った指導を受けることができます。通級による指導は自分が在籍している学校で受ける「自校通級」と、在籍校に通級指導がないため、他校に行って指導を受ける「他校通級」があります。

(2) 病気の子どもと通級による指導

「病気療養児に対する教育の充実について(通知)」では、病院を退院後も通学が困難な病気療養児に対して、病状や教育的ニーズを踏まえた指導の一方法として通級による指導を挙げています。通級による指導から始めることで、学習の遅れを補い、その子のペースで復学を目指すことができます。

病院内の学校、院内学級や特別支援学校(病弱)で教育を受けるためには、転校が必要になります。病院内で通級による指導が受けられたら、転校せずに「他校通級」として学習を継続することができます。二〇一三年度の文部科学省の調査では、長期入院の小中学生のうち、通級による指導を受けている児童生徒は約二・五%でした。

(3) 特別支援教室

東京都では二〇一六年度から「特別支援教室」として、対象児童生徒の在籍校を教員が巡回して指導を行う取組みが始まっています。在籍校に通級がない場合でも、移動による負担を減らして指導が受けられます。今後の動向を見ていく必要があります。

(樫木暢子・愛媛大学教授)

5 特別支援教育のセンター的機能を担うコーディネーター

(1) 特別支援教育が始まって

① 特別支援教育コーディネーター

特別支援教育を推進していくために、学校では「特別支援教育コーディネーター」(以下、コーディネーター)が指名されています。現在は、ほぼすべての小・中学校、特別支援学校、さらに八〇%以上の高等学校に配置されています。各学校における特別支援教育の推進のため、コーディネーターは、校内委員会・校内研修会の企画・運営、関係諸機関・学校との連携・調整、保護者からの相談窓口などの役割を担っています。特に特別支援学校のコーディネーターは地域の学校や関連機関との連携を推進する役割があります。

② 特別支援学校のセンター的機能とは

特別支援学校には障がいのある子どもの実態把握や指導などの豊富なノウハウなどが集積されていることから、近隣の学校などにおける発達障がいを含む障がいのある幼児児童生徒へのさまざまな支援を、センター的機能として行うことになりました。このセンター的機能の活用を担っているのがコーディネーターです。

特別支援学校の主なセンター的機能には以下のようなものがあります。

① 小・中・高校等の教員への支援機能
② 特別支援教育に関する相談・情報提供機能

③障がいのある幼児童生徒への指導・支援機能
④福祉、医療、労働などの関係機関などとの連絡・調整機能
⑤小・中・高校等の教員に対する研修協力機能
⑥障害のある幼児児童生徒への施設設備などの提供機能

③センター的機能の具体的な取り組み

特別支援学校は、それぞれの専門性にもとづいてセンター的機能を発揮しています。

・視覚障害校（盲学校）↓視覚障がいの児童生徒への支援（巡回相談、通級指導など）
・聴覚障害校（聾学校）↓聴覚障がいの児童生徒への支援（巡回相談、通級指導など）
・知的障がい校　　　↓発達障がいや知的障がいの児童生徒への支援（巡回相談など）
・肢体不自由校　　　↓運動機能障がいの児童生徒への支援（巡回相談など）
・病弱校　　　　　　↓病弱・身体虚弱の児童生徒への支援（巡回相談など）

センター的機能として、特別支援学校のコーディネーターは次のような取り組みを行います。

①巡回相談：地域の教育委員会や小・中・高校、幼稚園、保育所等からの依頼に応じて、学校を訪問し、教員などに指導内容や方法に関する指導や助言を行う。
②校内研修会の講師：小・中・高校、幼稚園、保育所等からの要請に応じて、特別支援教育の理解啓発などに関する研修会の講師を務める。

③ 出前授業：近隣の小・中・高校、幼稚園、保育所等からの要請に応じて、幼児児童生徒に対して、障がい理解教育などの授業を行う。

(2) 特別支援教育コーディネーターによる病気の子どもへの支援

入院していた子どもは、退院後すぐに病気になる前の生活に戻れるわけではありません。体力面や感染症に対する不安があり、すぐには地元校に復学できず、自宅で療養している子どももいます。また、慢性疾患などのために学校に通えない場合もあります。病気の子どもたちを生活レベルで見ると、教育だけでは対応しきれない課題があります。病状や治療の状況、学習上の課題、心理的な課題など、多種多様なニーズに対応するため、様々な制度の活用、多様なネットワークによる支援の創出が必要です。

① 病気の子どもへの支援

(a) 学習・復学に関するニーズと支援

入院中、どのように教育を受けるかについて、子どもや保護者への情報提供が必要です。コーディネーターは院内学級や特別支援学校への転入や自治体にある教育を受ける制度について説明し、子どもや保護者が選択できるようにします。転入する場合は、院内学級や特別支援学校との連絡を行います。退院後、すぐに通学することが難しい場合には、訪問教育や通級による指導の活用などが考えられます。

また、入院を経験した子どもたちは地元校への復学に対して、期待だけでなく不安も抱いています。学習についていけるか、友だちは自分のことをどう思うか等の不安を軽減するために、入院した時点から復学に向けた取組みを考えておく必要があります。ＩＣＴ機器を活用した学習指導や交流及び共同学習は、地元校への所属感を保ち、不安を軽減することが期待されます。

病気療養により学校に通うことができない子どもは、一日のほとんどの時間を家族と過ごすことになります。教科学習の保障ということだけではなく、外の世界との関わり、友だちとの関わりも必要です。このような場合も、ＩＣＴ機器の活用による学習指導や学級活動への参加が有効な手立てとなります。

(b) 在宅療養に伴う生活支援

病気の子どもの家庭でも、共働きや、一人親家庭の場合があります。自宅療養中の子どもが日中一人で過ごしていると、体調の変化や食事、服薬など心配なことは多いと思います。そのような時は、地域の「子ども家庭支援センター」や「保健所」、「訪問看護ステーション」などと連携して、定期的に自宅を訪問してもらい、子どもの様子を見てもらうという支援を受けることが考えられます。

家庭で過ごしやすくするために、車いすや介護用のベッドなどを利用した方がよい場合や、家族の負担軽減のために家事援助を利用する方法もあります。心疾患などの内部疾患で使えるサービスもあります。福祉サービスを利用するには、保護者が地域の福祉課に相談することになります。退院時に福祉サービスが必要になる場合は、病院の退院支援を行う担当者、ＭＳＷ（メディカルソーシャルワーカー）が、地域の福祉課につないでくれることも多いです。

(c) 医療に関する支援

医療的ケアを伴って退院してくる子どもたちがいます。在校時間中にも吸引や注入などの医療的ケアが必要な場合、かつては医療的ケア実施のために保護者の付添いが必要でした。特別支援学校では看護師ｆが配置され、二〇一二年度からは教員による医療的ケアの実施が法制化され、保護者の付添いは減ってきていますが、学校への送迎は保護者の負担となっています。二〇二一年六月に「医療的ケア児及びその家族に対する支援に関する法律」が成立しました。各自治体において、通学を含めた学校生活での医療的ケアに対する対応をどのように進めいていくか、注視していく必要があります。

また、終末期の子どもの中には、病院での治療ではなく、自宅療養をしているケースもあります。自宅で過ごしながら、緩和ケアや病状の把握・管理、投薬など、医療的な支援が必要であり、訪問ドクターや訪問看護などとの連携が必要になってきます。

ⓓ 小児慢性特定疾病児童等自立支援事業

都道府県並びに中核都市で小児慢性特定疾病児童等自立支援事業が行われています。この事業の柱は、自立支援員の配置と、自立支援員による病気の子どもたちの生活について相談支援です。具体的な支援としては療養生活支援、相互交流支援、就労支援、介護者支援、きょうだい支援、学習支援などがあります。

② 特別支援教育コーディネーターの活用

子どもが病気になったとき、まずは家族だけで頑張ろうとしている家庭も多いと思います。また、支援を受けたくても、教育制度や地域の支援資源の有無、利用のための手続き、連絡先がわからないという家庭がほとんどだと思います。病気の子どもたちへの支援も、特別支援教育コーディネーターの重要な仕事の一つです。

特別支援教育コーディネーターの大きな役割は人と人をつなぐ連携による支援です。病気の子どもたちが必要している支援を行うことができるのは誰か、地域の資源を知っておく必要があります。教育の仕組みや制度を活用することに加え、関連機関と連携することで、その子が必要とするネットワークを形成することが可能になります。

(3) 今後に向けて

学齢期における教育からの離脱により、病気により学習機会が減ること、子どもらしく過ごせる時期が減ることは、学習面だけでなく、社会性の発達、将来の生活づくりなどにも影響します。一生涯にわたる格差につながる可能性が高く、ＡＹＡ世代（一五歳から三〇歳前後の思春期・若年成人：Adolescent and Young Adult）の課題となっています。病気の子どもたちが自分らしさを発揮しながら成長できるよう、地域の学校、特別支援学校、各教育委員会、医療機関、福祉機関等がこれまで以上に連携を深めていくことが求められています。

（樫木暢子・愛媛大学教授／高橋陽子・元特別支援学校教諭）

あとがき

コロナによりさまざまな制約を課され、ストレスを感じた人は多いと思います。これまでの生活の中にあった「心地よさ」「安心感」が奪われたことで大きなストレスが生じたのでしょう。

しかし、よく考えてみれば、病気の子どもたちはコロナ禍以前からさまざまな制約のある状況の中で生活をしています。特に入院中の子どもはそうです。

コロナ禍で「普通」が普通でなくなったことで多くの人たちが感じたストレス体験は、ただ我慢を強いるのではなく、できるかぎり環境（人的環境も含めて）を調整することの大切さを自分事として考える機会となったのではないでしょうか。

骨のがんのために脚を切断しなければならなくなった子どもがいました。四月以降の退院予定ということで、退院時には学年、教室が変わります。学年が変わると、その学年の教室は三階になるということが、その学校の「普通」でした。しかし校長先生は次の年度のその学年の教室は一階にして、他の学年の教室の場所も少しずつ調整しました。

この対応に当初、職員の間には「一人の子どものために慣例をかえるのはどうか」「教室の階が上がるのをたのしみにしている子どももいる。そのことでお兄さん、お姉さんになったと実感する子どももいる。影響が大勢の子どもに出る。一人の子どものためにそこまでおこなうのはどうか」という声がありました。

医師からは「義足の訓練は特に階段の上り下りが効果的ということはなく、むしろ安心して外に出られたり歩ける環境で、自分から歩きたいと思える環境の方がよい」という意見がありました。それもふまえての校長先生の判断でした。他の子どもへの影響については、校長先生は次のように説明したそうです。

「みんなが一〇〇%満足をするために、一人にたくさん我慢をさせるよりも、みんなが少しずつ我慢をすることで、たくさん我慢をする人を一人もつくらない、そういう姿勢をもった人間にうちの子どもたちには育ってほしい」さらに「お兄さん、お姉さんになったと実感する方法は、教室の階が上がるという方法以外にもある」と。

病気や入院がもたらす一般的ではない生活に向き合うことで、本当に大事なことに気づくことがあることを、私たちは多くの子どもたちから学んできました。それを一冊にまとめたものが本書です。まだまだ書ききれていない部分もあります。しかし、病弱教育の関係者はもちろんのこと、それ以外の「普通」と言われている状況の中にいる多くの人たちにもぜひ読んでほしい。そのように切に願っています。

最後に改訂増補版発行の機会をくださり、私たちを暖かく受けとめ、かつ適格な助言をくださった、クリエイツかもがわの田島英二様に心から感謝申し上げます。

二〇二一年 夏

編集代表　栗山宣夫

全国病弱教育研究会
入会のご案内

全国病弱教育研究会は、病気の子どもたちの命と健康を守り、発達が保障されることを願う、医療・看護・教育関係者が集まって、1992年7月に結成した会です。

主な取り組み

- 会員相互の交流を深め、抱えている問題を一緒に考える場をつくっていきます。
- 生きる力をはぐくむ看護・保育・教育実践の検討を進めていきます。
- 病気の子どもたちの保育や教育の保障を進めるために調査を行い、制度のあり方ついて検討を進めています。
- 病気の子どもたちの福祉の向上を目指す取り組みを進めています。

具体的な活動

- 学習交流会（年1回開催）
- 全国研究大会（隔年に開催）
- 研究交流誌「病気の子どもと医療・教育」（年1巻刊行）
- 会員通信の発行（年4回）
- 課題となっている問題の調査研究
- 病気の子どもの相談
- 会員の研究活動の援助
- 研究成果の発表（関係学会等）

病気の子どもたちの医療・教育・福祉などに関心をお持ちの方、本人、保護者の方もぜひご参加くださるようご案内いたします。

問い合わせ先
〒330-0054　埼玉県さいたま市浦和区東岸町1-18
田中敏雄（事務局長）
E-mail dentyu1952@gmail.com
http://www.maroon.dti.ne.jp/zenbyouken/index.htm

執筆者一覧

＊五十音順

足立カヨ子（元・特別支援学校教諭）Ⅰ第４章序節、Ⅰ第４章第１節、Ⅰ第４章第３節⑸

新井　英靖（茨城大学教授）Ⅲ第１章第２節⑴⑵⑶①②④⑷、Ⅲ第１章第３節

猪狩恵美子（九州産業大学教授）Ⅲ第２章第２節⑴－⑹、Ⅲ第２章第３節⑴－⑹⑻

砂澤　敦子（小学校〈病院内学級〉教諭）Ⅰ第３章（自立活動）

植田　洋子（認定 NPO 法人ファミリーハウス事務局長）Ⅱ第２章第３節⑷

風間ゆかり（特別支援学校指導教諭）Ⅰ第３章（総合）

樫木　暢子（愛媛大学教授）

Ⅲ第２章第３節⑴－⑹⑻、Ⅲ第２章第４節、Ⅲ第２章第５節

加藤　優子（小児病棟遊びのボランティア）Ⅰ第４章第３節⑴－⑷

神野　真弓（特別支援学校教諭）Ⅲ第２章第１節⑷

橘岡　正樹（特別支援学校教諭）Ⅲ第１章第２節⑶③

栗山　宣夫（育英短期大学教授）Ⅰ第１章、あとがき

小辻美智恵（小学校教諭）Ⅲ第２章第２節⑺

斉藤　淑子（都留文科大学特任教授）

はじめに、Ⅰ第３章、Ⅱ第１章第７節、Ⅱ第２章第１節・第２節

鷺山　環姫（元・特別支援学校教諭）Ⅰ第３章（課外活動）

佐藤比呂二（特別支援学校教諭）Ⅰ第３章（数学）・（課外活動）

鈴木　　茂（元・特別支援学校長）Ⅲ第１章第１節

高橋　陽子（元・特別支援学校教諭）Ⅲ第２章第１節⑴－⑶、Ⅲ第２章第５節

谷口　明子（東洋大学教授）Ⅰ第２章

中沢　澄子（特別支援学校教諭）Ⅰ第３章（国語）、Ⅱ第１章第７節、Ⅲ第２章第３節⑺

中村　崇江（自治医科大学とちぎ子ども医療センター主任保育士）Ⅰ第４章第２節

永吉美智枝（東京慈恵会医科大学准教授）Ⅱ第２章第３節⑴－⑶

堀口　眞理（特別支援学校〈病院内分教室〉非常勤講師）Ⅰ第３章（音楽）

牧田　靖子（札幌市立大学助教）Ⅱ第１章第１節－第６節

松浦　和代（札幌市立大学教授）Ⅱ第１章第１節－第６節

水野　利之（特別支援学校教諭）Ⅰ第３章（理科）

編者 | 全国病弱教育研究会
（ぜんこくびょうじゃくきょういくけんきゅうかい）
会長・斉藤淑子（都留文科大学特任教授）
編集代表・栗山宣夫（育英短期大学教授）
〒370-0011　群馬県高崎市京目町1656-1
育英短期大学栗山研究室

病気の子どもの教育入門 改訂増補版

2013年8月31日　初版発行
2017年7月31日　第3刷発行
2021年9月30日　改訂増補版初版発行

発行者　田島英二　info@creates-k.co.jp
発行所　株式会社クリエイツかもがわ
〒601-8382　京都市南区吉祥院石原上川原町21
電話 075(661)5741　FAX 075(693)6605
郵便振替　00990-7-150584
ホームページ　https://www.creates-k.co.jp

本文イラスト／加門啓子、NOE
装丁／菅田　亮

印刷所――モリモト印刷株式会社

ISBN978-4-86342-311-4 C0037　Printed in Japan

好評既刊

なければ創ればいい！　重症児デイからはじめよう！

鈴木由夫・一社）全国重症児者デイサービス・ネットワーク／編著

どんなに重い障害がある人でも、全国どこでも、安全・安心な環境で地域で暮らせる社会が実現するために――重い障害をもったわが子を育てる、重症児デイを立ち上げる姿に共感と感動の物語。重症児デイの立ち上げから準備、計画、資金、人材、利用者確保を伝授。

1980円

障がいのある子どもと家族の伴走者（ファン）
えがおさんさん物語

下川和洋／監修　松尾陽子・阪口佐知子・岩永博大・鈴木健太・NPO 法人えがおさんさん／編著

障がいのある子どもたちと家族が困っていることを最優先に考え、制度・職種にこだわらない、持続可能な支援のカタチを求め、障がい児者と家族とともに歩む物語。

1980円

障害のある人たちの口腔のケア　改訂版

玄　景華／監修　栗木みゆき／著

さまざまな障害から歯みがきがむずかしい人たちに、安全で楽しい歯みがきタイムを。お口の構造やはたらき、病気といった基礎知識、障害によるトラブルへの対応や注意点、口腔マッサージを、イラストと写真をあわせてわかりやすく解説。

1540円

ヘレンハウス物語　世界で初めてのこどもホスピス

ジャクリーン・ウォースウィック／著　仁志田博司・後藤彰子／監訳

日本にも生まれつつある、難病や障害のあるこどもと家族の「こどもホスピス」「レスパイト施設」開設のバイブル！　難病の子どもたちの「ヘレンハウス」設立と運営、その後の感動的な物語。

2640円

障害の重い子どもの発達診断　基礎と応用

白石正久／著

障害に焦点化して理解されがちな「障害の重い子ども」。発達検査の手技、発達診断の視点の検討を通して、何がどのように見えるのか、何を見落とさず読み取るべきかを議論しよう。

2640円

文化に出会い、友だちに出会う
障害の重い子どもたちと創る授業・教育・学校

羽田千恵子／著　羽田千恵子先生実践集編集委員会・白石恵理子・白石正久／編

集団の中で「おはなし」という本物の文化に出会う授業を大切に。授業づくりのおもしろさや、障害の重い子どもたちの自己表現理解、教職員集団の学びあいを伝える。

1980円

---

a life　18トリソミーの旅也と生きる

藤井蕗／著

「長くは生きられない」難病の子どもたち、家族の生活は？　つらさや苦しみは？　何に励まされ支えられているのか？　子どもと家族を支えるチームは、どのようにできていくのかを知ってもらいたい。

2200円

---

http://www.creates-k.co.jp/